G 1645
S-16.

17348

MEMOIRES
POLITIQUES CONCERNANT
LA GUERRE,
OU
PRINCIPES DE LA
LOI NATURELLE
APPLIQUE'S 'A LA CONDUITE
ET AUX AFFAIRES DES NA-
TIONS ET DES SOUVERAINS.

PAR MR. DE V.

A FRANCFORT ET LEIPSIG,

AUX DEPENS DE LA COMPAGNIE.

MDCCLVIII.

AVIS

CEt ouvrage, déja annoncé au Public par un Programme, eſt véritablement neuf & tout diférent de ceux que l'on avoit juſques-ici ſur la même matiére. Le Droit de la Guerre y eſt traité nettement, & non pas noié dans une longue deduction du Droit Naturel. Ce n'eſt point un livre de Collège, écrit avec la peſanteur & la ſéchereſſe d'un ſtile purement didactique. L'Auteur y a répandu de l'agrément, du feu & de l'intérêt, dans tous les endroits qui en étoient ſuſceptibles. Il a écrit pour les perſonnes qui joignent la politeſſe du grand Monde aux lumiéres du Cabinet; & la clarté de ſon ſtile le met à la portée de tous. Son Ouvrage eſt cependant ſyſtématique. On y explique, on y démontre ce que la Loi Naturelle preſcrit aux Nations & aux Souverains, les Obligations qu'elle leur impoſe, les Droits qu'elle leur donne. On y poſe les Principes généraux & les Règles de cette eſpèce de Droit des Gens, que les Auteurs apellent *Arbitraire*, & qui comprend la *Coutume* des Nations, avec leur Droit *Conventionel*. L'Auteur a joint fort ſouvent aux Maximes, des Exemples capables de les confirmer, de les éclaircir, ou de délaſſer agréablement & utilement le Lecteur: Et pour ne point répéter ceux qui ſe trouvent dans GROTIUS & ſes Comentateurs, il a pris la plus grande partie des ſiens dans l'Hiſtoire Moderne.

En un mot la matière y eſt traitée d'une façon nouvelle : Tout y eſt lié : Nulle ambiguité de termes. Les Principes y ſont établis avec toute la ſolidité poſſible : les Conſéquences tirées avec une juſteſſe d'eſprit admirable ; & les Loix qui en réſultent ſont éclaircies par des faits, qui ont rapport à l'Hiſtoire de notre Tems. De ſorte que cet Ouvrage pourra ſervir de clef à l'interprétation des Evénements préſents.

L'Impreſſion & le Prix feront les mêmes que des *Memoires pour ſervir à l'Hiſtoire de notre Tems*, *par L'OBSERVATEUR HOLLANDOIS, redigés & augmentés par M. D. V.*

Le volume-ci contiendra 26. feuilles qui, ſe payeront, par-conſequent, comme le quart d'an des dits *Memoires*.

TABLE DES CHAPITRES
Du preſent Volume.

PREMIERE PARTIE.

CHAPITRE I.

De la Guerre & de ſes différentes eſpèces, & du Droit de faire la guerre.

§. 1. Définition de la Guerre.
2. De la Guerre publique.
3. Du Droit de faire la guerre.
4. Il n'appartient qu'à la Puiſſance Souveraine.
5. De la Guerre défenſive & de la Guerre offenſive.

CHAPITRE II.

De ce qui ſert à faire la Guerre, de la levée des Troupes &c. de leurs Commandans, ou des Puiſſances ſubalternes dans la Guerre.

§. 6. Des inſtruments de la Guerre.
7. Du droit de lever des Troupes.
8. Obligation des Citoyens ou Sujets.
9. Enrôllemens, levée des Troupes.
10. S'il y a des exemptions de porter les armes.
11. Solde & logement des Gens de guerre.
12. Des Hôpitaux & Hôtels d'Invalides.
13. Des ſoldats mercénaires.
14. De qu'il faut obſerver dans leur engagement.
15. Des enrôllemens en pays étrangers.
16. Obligation des ſoldats.
17. Des Loix Militaires.

18. De

§. 18. De la Discipline Militaire.
   19. Des Puissances subalternes dans la guerre.
   20. Comment leurs promesses obligent le Souverain.
   21. En quels cas leurs promesses ne lient que ces Puissances seules.
   22. De celle qui s'attribuë un pouvoir qu'elle n'a pas.
   23. Comment elles obligent leurs inférieurs.

CHAPITRE III.
Des justes Causes de la Guerre.

§. 24. Que la Guerre ne doit point être entreprise sans de très-fortes raisons.
   25. Des Raisons justificatives & des Motifs de faire la guerre.
   26. Quelle est en général la juste Cause de la guerre.
   27. Quelle Guerre est injuste.
   28. Du but de la Guerre.
   29. Les raisons justificatives & les motifs honnêtes doivent concourir pour faire entreprendre la Guerre.
   30. Des motifs honnêtes & des motifs vicieux.
   31. Guerre dont le sujet est légitime & les motifs vicieux.
   32. Des Prétextes.
   33. Guerre entreprise pour la seule utilité.
   34. Des peuples qui font la guerre sans raison & sans motifs apparens.
   35. Comment la Guerre défensive est juste, ou injuste.
   36. Comment elle peut devenir juste contre une offensive, qui étoit juste dans son principe.
   37. Comment la Guerre offensive est juste, dans une Cause évidente.
   38. Et dans une Cause douteuse.
   39. La Guerre ne peut être juste des deux côtés.
   40. Quand réputée cependant pour légitime?
   41. Guerre entreprise pour punir une Nation.
   42. Si l'accroissement d'une Puissance voisine peut autoriser à lui faire la guerre.   43. Seul

43 Seul & par lui-même, il ne peut en donner le droit.
44 Comment les apparences du danger donnent ce droit.
45 Autre cas plus évident
46 Autres moyens toûjours permis, pour se mettre en garde contre une grande Puissance.
47 De l'Equilibre Politique.
48 Moyens de le maintenir.
49 Comment on peut contenir, ou même affoiblir celui qui rompt l'équilibre.
50 Conduite que l'on peut tenir avec un Voisin, qui fait des préparatifs de Guerre.

CHAPITRE IV.
De la Déclaration de Guerre, & de la Guerre en forme.

§. 51 Déclaration de Guerre, & sa nécessité.
52 Ce qu'elle doit contenir.
53 Elle est simple, ou conditionelle.
54 Le droit de faire la guerre tombe, par l'offre de conditions équitables.
55 Formalités de la Déclaration de Guerre.
56 Autres raisons, qui en rendent la publication nécessaire.
57 La Guerre défensive n'a pas besoin de déclaration.
58 En quel cas on peut l'omettre, dans une Guerre offensive.
59. On ne peut point l'omettre par représailles.
60 Du tems de la Déclaration.
61 Devoir des habitans, dans le cas où une Armée étrangère entre dans le pays avant que de déclarer la Guerre.
62 Commencement des hostilités.
63 Conduite que l'on doit tenir envers les sujets de l'Ennemi qui se trouvent dans le pays lors de la Déclaration de Guerre.
64 Publication de la Guerre, Manifestes.
65 Décence & modération, que l'on doit garder dans les Manifestes.

66 Ce que c'est que la guerre légitime & dans les formes.
67 Il faut la distinguer de la Guerre informe & illégitime.
68 Fondement de cette distinction.

CHAPITRE V.
De l'Ennemi, & des choses appartenantes à l'Ennemi.

§. 69 Ce que c'est que l'Ennemi.
70 Tous les sujets de deux Etats qui se font la guerre, sont ennemis.
71 Et demeurent tels en tous lieux.
72 Si les femmes & les enfans sont au nombre des ennemis.
73 Des choses appartenantes à l'Ennemi.
74 Elles demeurent telles par-tout.
75 Des choses neutres, qui se trouvent chez l'ennemi.
76 Des Fonds possédés par des Etrangers en pays ennemi.
77 Des choses dûes par un tiers à l'Ennemi.

CHAPITRE VI.
Des Associés de l'Ennemi; des Sociétés de Guerre, des Auxiliaires, des subsides.

§. 78. Des Traités rélatifs à la Guerre.
79 Des Alliances Défensives & des Alliances Offensives.
80 Différence des Sociétés de Guerre & des Traités de secours.
81 Des Troupes Auxiliaires.
82 Des subsides.
83 Comment il est permis à une Nation de donner du secours à une autre.
84 Et de faire des Alliances pour la Guerre.
85 Des Alliances qui se font avec une Nation actuellement en guerre.
86 Clause tacite en toute Alliance de Guerre.

87 Refuſer du ſecours pour une Guerre injuſte, ce n'eſt pas rompre l'Alliance.
88 Ce que c'eſt que le *Caſus Fœderis*.
89 Il n'exiſte jamais pour une Guerre injuſte.
90 Comment il exiſte pour une Guerre défenſive.
91 Et dans un Traité de garentie.
92 On ne doit pas le ſecours; quand on eſt hors d'état de le fournir, ou quand le ſalut public ſeroit expoſé.
93 De quelques autres cas, & de celui ou deux Confédérés de la même Alliance ſe font la guerre.
94 De celui qui refuſe les ſecours dûs en vertu d'une Alliance.
95 Des Aſſociés de l'Ennemi.
96 Ceux qui font cauſe commune ſont Aſſociés de l'Ennemi.
97 Et ceux qui l'aſſiſtent ſans y être obligés par des Traités.
98 Ou qui ont avec lui une Alliance offenſive.
99 Comment l'Alliance défenſive aſſocie à l'Ennemi.
100 Autre cas.
101 En quel cas elle ne produit point le même effet.
102 S'il eſt beſoin de déclarer la Guerre aux Aſſociés de l'Ennemi.

CHAPITRE VII.
De la Neutralité, & du paſſage des Troupes en pays neutre.

§. 103 Des Peuples neutres.
104 Conduite que doit tenir un peuple neutre.
105 Un Allié peut fournir le ſecours qu'il doit, & reſter neutre.
106 Du droit de demeurer neutre.
107 Des Traités de Neutralité.
108 Nouvelle raiſon de faire ces Traités.
109 Fondement des règles ſur la neutralité.
110 Comment on peut permettre des Levées, pré-

ter de l'argent, ou vendre toute forte de chofes, fans rompre la neutralité.
111 Du Commerce des Nations neutres avec celles qui font en guerre.
112 Des Marchandifes de contrebande.
113 Si l'on peut confifquer ces marchandifes.
114 De la vifite des Vaiffeaux neutres.
115 Effets de l'Ennemi fur un vaiffeau neutre.
116 Effets neutres fur un vaiffeau ennemi.
117 Commerce avec une Place affiégée.
118 Offices impartiaux des Peuples neutres.
119 Du paffage des Troupes en pays neutre.
120 On doit demander le paffage.
121 Il peut être refufé pour de bonnes raifons.
122 En quel cas on peut le forcer.
123 La crainte du danger peut autorifer à le refufer.
124 Ou à exiger toute fûreté raifonnable.
125 Si l'on eft toujours obligé de fe prêter à toute forte de fûretés.
126 De l'égalité qu'il faut garder, quand au paffage, entre les deux parties.
127 On ne peut fe plaindre de l'Etat neutre qui accorde le paffage.
128 Cet Etat peut le refufer par la crainte des maux qu'il lui attireroit de la part du parti contraire.
129 Et pour éviter de rendre fon pays le théatre de la guerre.
130 De ce qui eft compris dans la conceffion du paffage.
131 Sûreté du paffage.
132 On ne peut exercer aucune hoftilité en pays neutre.
133 Ce pays ne doit pas donner retraite à des Troupes, pour attaquer de nouveau leurs ennemis.
134 Conduite que doivent tenir ceux qui paffent dans un pays neutre.
135 On

135 On peut refuser le passage pour une guerre manifestement injuste.

CHAPITRE VIII.
Du Droit des Nations dans la Guerre, & de ce qu'on est en droit de faire & de ce qui est permis, dans une Guerre juste, contre la personne de l'Ennemi.

§. 136 Principe général des droits contre l'Ennemi dans une Guerre juste.
137 Différence de ce qu'on est en droit de faire, & de ce qui est seulement permis ou impuni entre ennemis.
138 Du droit d'affoiblir l'Ennemi par tous moyens licites en eux-mêmes.
139 Du droit sur la personne de l'Ennemi.
140 Bornes de ce droit. On ne peut tuer un ennemi qui cesse de résister.
141 D'un cas particulier, où l'on peut lui refuser la vie.
142 Des répresailles.
143 Si l'ennemi peut punir de mort un Commandant de Place, à cause de sa défense opiniâtre.
144 Des Transfuges & Déserteurs.
145 Des femmes, enfans, vieillards & infirmes.
146 Des Ministres de la Religion, des Gens de Lettres &c.
147 Des Laboureurs & en général de tout le peuple desarmé.
148 Du droit de faire des prisonniers de guerre.
149 On ne peut faire mourir un prisonnier de guerre.
150 Comment on doit traiter les prisonniers de guerre.
151 S'il est permis de tuer des prisonniers que l'on ne peut garder ou nourrir.
152 Si l'on peut rendre esclaves les prisonniers de guerre.

153 De

153 De l'échange & du rachat des prisonniers.
154 L'Etat est obligé de les delivrer.
155 S'il est permis de faire assassiner ou empoisonner un ennemi.
156 Si l'on peut se servir d'armes empoisonnées.
157 Et empoisonner les fontaines.
158 Dispositions qu'il faut conserver envers l'ennemi.
159 Des ménagemens pour la personne d'un Roi ennemi.

CHAPITRE IX.
Du Droit de la Guerre à l'égard des choses qui appartiennent a l'Ennemi.

§. 160 Principes du droit sur les choses qui appartiennent à l'ennemi.
161 Du droit de s'en emparer.
162 De ce qu'on ôte à l'ennemi par forme de peine.
163 De ce qu'on lui retient pour l'obliger à donner une juste satisfaction.
164 Du Butin.
165 Contributions.
166 Du dégât.
167 Des ravages & des incendies.
168 Quelles choses on doit épargner.
169 Du bombardement des villes.
170 Démolition des Forteresses.
171 Des sauve-gardes.
172 Régle générale de modération sur le mal que l'on peut faire à l'ennemi.
173 Régle du Droit des Gens volontaire, sur le même sujet.

CHAPITRE X.
De la Foi entre Ennemis; des stratagêmes, des ruses de Guerre, de Espions, & de quelques autres pratiques.

§. 174 Que la Foi doit être sacrée entre ennemis.

175 Quels sont les Traités, qu'il faut observer entre ennemis.
176 En quelles occasions on peut les rompre.
177 Du Mensonge.
178 Des stratagêmes & ruses de guerre.
179 Des Espions.
180 Des pratiques pour séduire les gens de l'ennemi.
181 Si l'on peut accépter les offres d'un Traitre.
182 Des intelligences doubles.

CHAPITRE XI.
Du Souverain qui fait une Guerre injuste.

§. 183 Une Guerre injuste ne donne aucun droit.
184 Combien est coupable le Souverain qui l'entreprend.
185 A quoi il est tenu.
186 Difficulté de réparer les maux qu'il a faits.
187 Si la Nation & les Gens de guerre sont tenus à quelque chose.

CHAPITRE XII.
Du Droit des Gens volontaire, par rapport aux effets de la Guerre en forme, indépendamment de l'injustice de la Cause.

§. 188 Que les Nations ne peuvent presser entre-elles la rigueur du Droit Naturel.
189 Pourquoi elles doivent admettre les régles du Droit des Gens volontaire.
190. La Guerre en forme, doit être regardée, quant aux effets, comme juste de part & d'autre.
191 Tout ce qui est permis à l'un, est permis à l'autre.
192 Le Droit volontaire ne donne que l'impunité à celui dont les armes sont injustes.

CHA-

CHAPITRE XIII.
De l'acquisition par Guerre, & principalement de la Conquête.

§. 193 Comment la Guerre est un moyen d'acquérir.
194 Mesure du droit qu'elle donne.
195 Dispositions du Droit des Gens volontaire.
196 Acquisition des choses mobiliaires.
197 De l'acquisition des Immeubles, ou de la Conquête.
198 Comment on peut en disposer validement.
199 Des conditions auxquelles on acquiert une Ville conquise.
200 Des terres des particuliers.
201 De la Conquête de l'Etat entier
202 A qui appartient la Conquête.
203 Si l'on doit remettre en Liberté un Peuple, que l'ennemi avoit injustement conquis.

CHAPITRE XIV.
Du Droit de Postliminie.

§. 204 Définition du Droit de Postliminie.
205 Fondement de ce Droit.
206 Comment il a lieu.
207 S'il a lieu chez les Alliés.
208 Il n'a pas lieu chez les Peuples neutres.
209 Quelles choses se recouvrent par ce Droit.
210 De ceux qui ne peuvent retourner par Droit de Postliminie.
211 Ils jouïssent de ce Droit quand ils sont repris.
212 Si ce Droit s'étend à leurs biens aliénés par l'ennemi.
213 Si une Nation qui a été entièrement conquise peut jouir du Droit de Postliminie.
214 Du Droit de Postliminie pour ce qui est rendu à la paix.
215 Et à l'égard de ce qui est cédé à l'ennemi.
216 Le Droit de Postliminie n'a plus lieu après la paix.

217 Pourquoi il a toûjours lieu pour les prisonniers.
208 Ils sont libres même, s'ils se sauvent dans un pays neutre.
219 Comment les droits & les obligations des prisonniers subsistent.
220 Du Testament d'un prisonnier de guerre.
221 Du Mariage.
222 De ce qui est établi, par rapport au Droit de Postliminie, par les Traités, ou par la Coûtume.

CHAPITRE XV.
Du Droit des Particuliers dans la Guerre.

§. 223 Les sujets ne peuvent commettre des hostilités sans ordre du Souverain.
224 Cet ordre peut être général ou particulier.
225 Source de la nécessité d'un pareil ordre.
228 Pourquoi le Droit des Gens a dû adopter cette régle.
227 A quoi se reduit l'ordre général de *courrir sus*.
228 De ce que les particuliers peuvent entreprendre sur la présomption de la volonté du Souverain.
229 Des Armateurs.
230 Des Volontaires.
231 De ce que peuvent faire les soldats & les subalternes.
232 Si l'Etat doit dédommager les sujets des pertes qu'ils ont souffertes par la Guerre.

CHAPITRE XVI.
De diverses Conventions, qui se font dans le cours de la Guerre.

§. 233 De la Trève & de la Suspension d'armes.
234 Elle ne finit point la Guerre.
235 La Trève est particuliére, ou universelle.
236 Trève générale & à longues années.
237 Par qui ces Accords peuvent être conclus.
238 Ils

238 Ils engagent la foi du Souverain.
239 Quand la Trève commence à obliger?
240 Publication de la Trève.
241 Des actions des sujets contre la Trève.
242 Violation de la Trève.
243 Du cas où l'on est convenu d'une peine pour l'infracteur.
244 Du tems de la Trève.
145 Des effets de la Trève, de ce qui est permis, ou non, pendant sa durée. Iere Régle : Chacun peut faire chez-soi ce qu'il a droit de faire en pleine paix.
246 IIme. Régle : On ne peut profiter de la Trève, pour faire ce que les hostilités ne laissoient pas le pouvoir d'éxécuter.
247 Par exemple, continuer les travaux d'un siége, ou réparer les bréches.
248 Ou faire entrer du sécours.
249 Distinction d'un cas particulier.
250 D'une Armée, qui se retire pendant une suspension d'armes.
251 3me. Régle : Ne rien entreprendre dans les lieux disputés, mais y laisser toutes choses en état.
252 Des lieux abandonnés par l'ennemi, & de ceux qu'il néglige de garder.
253 On ne peut recevoir, pendant la Trève, les sujets qui veulent se révolter contre leur Prince.
254 Bien moins les inviter à la trahison.
255 On ne peut saisir, pendant la Trève, les personnes ou les biens des ennemis.
256 Du Droit de Postliminie pendant la Trève.
257 On peut aller & venir pendant la Trève.
258 De ceux qui sont retenus par un obstacle invicible après l'expiration de la Trève.
259 Des Conditions particuliéres ajoûtées aux Trèves.

260 A

260 A l'expiration de la Trève, la Guerre recommence, sans nouvelle déclaration.
261 Des Capitulations, & par qui elles peuvent être concluës.
262 Des Clauses qu'elles peuvent contenir.
263 Observation des Capitulations & son utilité.
264 Des promesses faites à l'ennemi par des particuliers.

CHAPITRE XVII.
Des Saufconduits & Passeports, & Questions sur la Rançon des prisonniers de guerre.

§. 265 Ce que c'est qu'un Saufconduit & un Passeport.
266 De quelle Autorité il émane.
267 Il ne peut se transporter d'une personne à l'autre.
268 Etenduë de la sûreté promise.
269 Comment il faut juger du droit que donne un Saufconduit.
270 S'il comprend le bagage & les Domestiques?
271 Le saufconduit accordé au Père, ne comprend pas sa famille.
272 D'un saufconduit donné en général pour quelqu'un & sa suite.
273 Du terme du Saufconduit.
274 D'une personne retenuë au-de-là du terme, par une force majeure.
275 Le Saufconduit n'expire pas à la mort de celui qui l'a donné.
276 Comment il peut être révoqué.
277 D'un Saufconduit avec la clause, *pour autant de tems qu'il nous plaira.*
278 Des Conventions qui concernent le rachat des prisonniers.
279 Le droit d'exiger une rançon peut se transférer.
280 De ce qui peut annuller la Convention, faite pour le prix de la rançon.
281 D'un prisonnier, mort avant que d'avoir payé sa rançon.

282 D'un

282 D'un prisonnier relâché à condition d'en faire délivrer un autre.
283 De celui qui est pris une seconde fois, avant qu'il ait payé sa prémiére rançon.
284 De celui qui est délivré, avant qu'il ait reçu la liberté.
285 Si les choses que le prisonnier a pû conserver lui appartiennent.
286 De celui qui est donné en ôtage, pour l'élargissement d'un prisonnier.

CHAPITRE XVIII.
De la Guerre Civile.

§. 287 Fondement des droits du Souverain contre les rebelles.
288 Qui sont les rebelles ?
289 Emotion populaire, soulèvement, sédition.
280 Comment le Souverain doit les réprimer.
291 Il doit tenir ce qu'il a promis aux rebelles.
292 De la Guerre Civile.
293 La Guerre Civile fait naître deux partis indépendans.
294 Ils doivent observer les Loix communes de la Guerre.
295 Distinction des effets de la Guerre Civile, suivant les cas.
296 Conduite que doivent tenir les Nations étrangères.

SECONDE PARTIE.
Du rétablissement de la Paix, & des Ambassades.

CHAPITRE I.
De la Paix, & de l'obligation de la cultiver.

§. 1. Ce que c'est que la Paix ?

2 Ob-

2 Obligation de la cultiver.
3 Obligation du Souverain à ce même égard.
4 Etenduë de ce devoir.
5 Des perturbateurs de la paix.
6 Jufqu'où on peut continuer la guerre.
7 Paix fin de la Guerre.
8 Effets généraux de la Paix.

CHAPITRE II.
Des Traités de Paix.

§. 9 Ce que c'eſt que le Traité de Paix.
10 Par qui il peut être conclu.
11 Des aliénations faites par le Traité de paix.
12 Comment le Souverain peut diſpoſer dans le Traité de ce qui intéreſſe les particuliers.
13 Si un Roi priſonnier de guerre peut faire la paix?
14 Si l'on peut faire la paix avec un Uſurpateur.
15 Alliés compris dans le Traité de paix.
16 Les Aſſociés doivent traiter chacun pour ſoi.
17 De la Médiation.
18 Sur quel pied la paix peut ſe conclure.
19 Effet général du Traité de paix.
20 De l'Amniſtie.
21 Des choſes dont le Traité ne dit rien.
22 Des choſes qui ne ſont pas compriſes dans la Transaction ou dans l'Amniſtie.
23 Les Traités anciens, rappellés & confirmés dans le nouveau, en font partie.

CHAPITRE III.
De l'exécution du Traité de paix.

§. 24 Quand le Traité commence à obliger.
25 Publication de la paix.
26 Du tems de l'exécution.
27 Une excuſe légitime doit être admiſe.
28 La promeſſe tombe, quand l'acceptant en a lui même empêché l'exécution.
29 Ceſſation des Contributions.
30 Des fruits de la choſe reſtituée ou cédée.

31 En

31 En quel état les choses doivent être rendues ?
32 De l'interprétation du Traité de paix ; qu'elle se fait contre celui qui a donné la Loi.
33 Du nom des pays cédés.
34 La restitution ne s'entend pas de ceux qui se sont donnés volontairement.

CHAPITRE IV.
De l'observation & de la rupture du Traité de Paix.

§. 35 Le Traité de paix oblige la Nation & les Successeurs.
36 Il doit être fidèlement observé.
37 L'exception prise de la crainte, ou de la force, ne peut en dégager.
38 En combien de manières un Traité de paix peut se rompre.
39 I. Par une conduite contraire à la nature de tout Traité de paix.
40 Prendre les armes pour un sujet nouveau, ce n'est pas rompre le Traité de paix.
41 S'allier dans la suite avec un ennemi, ce n'est pas non plus rompre le Traité.
42 Pourquoi il faut distinguer entre une Guerre nouvelle & la rupture du Traité.
43 La juste défense de soi-même ne rompt point le Traité de paix.
44 Des sujets de rupture qui ont pour objet des Alliés.
45 II. Le Traité se rompt par ce qui est opposé à sa nature particulière.
46 III. Par la violation de quelque Article.
47 La violation d'un seul Article rompt le Traité entier.
48 Si l'on peut distinguer à cet égard entre les Articles plus ou moins importans ?
49 De la peine attachée à la violation d'un Article.
50 Des délais affectés.

51 Des empêchemens insurmontables.
52 Des atteintes données au Traité de paix par les sujets.
53 Ou par des Alliés.
54 Droits de la Partie léfée, contre celle qui a violé le Traité.

CHAPITRE V.
Du Droit d'Ambassade, ou du Droit d'envoyer & de recevoir des Ministres Publics.

§. 55 Il est nécessaire que les Nations puissent traiter & communiquer ensemble.
56 Elles le font par le moyen des Ministres Publics.
57 Tout Etat souverain est en droit d'envoyer & de recevoir des Ministres Publics.
58 L'Alliance inégale, ni le Traité de Protection n'ôte pas ce Droit.
59 Du droit des Princes & Etats de l'Empire à cet égard.
60 Des Villes qui ont le Droit de Bannerie.
61 Ministres des Vicerois.
62 Ministres de la Nation, ou des Régens, dans l'interrègne.
63 De celui qui trouble un autre, dans l'exercice du Droit d'Ambassade.
64 De ce qui est permis à cet égard en tems de Guerre.
65 On doit recevoir le Ministre d'une Puissance amie.
66 Des Ministres résidens.
67 Comment on doit admettre les Ministres d'un ennemi.
68 Si l'on peut recevoir les Ministres d'un Usurpateur & lui en envoyer.

CHAPITRE VI.

Des divers ordres de Ministres Publics, du Caractère représentatif, & des honneurs qui sont dûs aux Ministres.

§. 69 Origine des divers ordres de Ministres Publics.
70 Du Caractère représentatif.
71 De l'Ambassadeur.
72 Des Envoyés.
73 Des Résidens.
74 Des Ministres.
75 Des Consuls, Agents, Députés, Commissaires &c.
76 Des Lettres de Créance.
77 Des Instructions.
78 Du droit d'envoyer des Ambassadeurs.
79 Des honneurs qui sont dûs aux Ambassadeurs.

CHAPITRE VII.

Des Droits, Privilèges & Immunités des Ambassadeurs & autres Ministers Publics.

§. 80 Respect dû aux Ministres Publics.
81 Leur personne est sacrée & inviolable.
82 Protection particulière qui leur est dûe.
83 Du tems où elle commence.
84 De ce qui leur est dû dans les Pays où ils passent.
85 Ambassadeurs passans en pays ennemi.
86 Ambassades entre ennemis.
87 Des Hérauts, Trompettes & Tambours.
88 Les Ministres, les Trompettes &c. doivent être respectés même dans une Guerre Civile.
89 On peut quelquefois refuser de les admettre.
90 Il faut éviter à leur égard tout ce qui sent l'insulte.
91 Par qui & à qui ils peuvent être envoyés.
92 In-

92 Indépendance des Ministres étrangers.
93 Conduite que doit tenir le Ministre Etranger.
94 Comment on peut le réprimer, 1. à l'égard des délits communs.
95 2. Pour les fautes commises contre le Prince.
96 Droit de chasser un Ambassadeur coupable ou justement suspect.
97 Droit de le réprimer par la force, s'il agit en ennemi.
98 De l'Ambassadeur qui forme des Conjurations & des Complots dangereux.
99 De ce qui est permis contre lui, selon l'exigence du cas
100 D'un Ambassadeur qui attente à la vie du Prince.
101 Deux exemples remarquables sur la question des Immunités des Ministres Publics.
102 Si l'on peut user de représailles envers un Ambassadeur.
103 Consentement des Nations sur les Privilèges des Ambassadeurs.
104 Du libre exercice de la Religion.
105 Si l'Ambassadeur est exempt de tous impôts.
106 De l'obligation fondée sur l'usage & la Coûtume.
107 Du Ministre dont le Caractère n'est pas public.
108 D'un Souverain qui se trouve en pays étranger.
109 Des Députés des Etats.

CHAPITRE VIII.

Du Juge de l'Ambassadeur, en matière Civile.

§. 110 L'Ambassadeur est exempt de la Jurisdiction Civile du pays où il réside.
111 Comment il peut s'y soumettre volontairement.
112 D'un Ministre sujet de l'Etat auprès duquel il est employé.
113 Comment l'exemption du Ministre s'étend à ses biens.

114 L'ex-

114 L'exemption ne peut s'étendre aux effets appartenans à quelque trafic que fera le Ministre.
115 Non plus qu'aux Immeubles, qu'il possede dans le pays.
116 Comment on peut obtenir justice contre un Ambassadeur?

CHAPITRE IX.

De la Maison de l'Ambassadeur, de son Hôtel & des Gens de sa suite.

§. 117 De l'Hôtel de l'Ambassadeur.
118 Du Droit d'Asyle.
119 Franchise des Carrosses de l'Ambassadeur.
120 De la suite de l'Ambassadeur.
121 De l'Epouse & de la famille de l'Ambassadeur.
122 Du Secrétaire de l'Ambassade.
123 Des Courriers & des Dépêches de l'Ambassadeur.
124 Autorité de l'Ambassadeur sur les Gens de sa suite.
125 Quand finissent les droits de l'Ambassadeur?
126 Des cas où il faut des nouvelles Lettres de Créance.
127 Conclusion.

FIN DE LA TABLE.

DE LA GUERRE, ET DE LA PAIX.

PREMIERE PARTIE.
CHAPITRE I.
De la Guerre & de ses différentes espèces, & du Droit de faire la Guerre.

§. I.

LA *Guerre* est cet état, dans lequel on poursuit son droit par la force. On entend aussi par ce mot, l'acte même ou la manière de poursuivre son droit par la force : Mais il est plus conforme à l'usage, & plus convenable dans un Traité du Droit de la Guerre, de prendre ce terme dans le sens que nous lui donnons.

§. 2. La *Guerre publique* est celle, qui a lieu entre les Nations ou les Souverains, qui se fait au nom de la Puissance publique, & par son ordre.

ordre. C'est celle dont nous avons à traiter ici; la *Guerre privée*, qui se fait entre particuliers, appartenant au Droit Naturel proprement dit.

§. 3. En traitant du Droit de sûreté, nous montrerons, que la Nature donne aux hommes le droit d'user de force, quand cela est nécessaire, pour leur défense & pour la conservation de leurs droits. Ce principe est généralement reconnu; la Raison le démontre, & la Nature elle-même l'a gravé dans le cœur de l'homme. Quelques personnes seulement, prenant à la lettre la modération recommandée dans l'Evangile, se sont crus obligés de se laisser égorger, ou dépouiller, plûtôt que d'opposer la force à la violence. Mais il n'est pas à-craindre que ce système fasse de grands progrès. La plûpart des hommes s'en garentiront d'eux-mêmes: Heureux s'ils sçavoient aussi bien se tenir dans les justes bornes, que la Nature a mises à un Droit accordé seulement par nécessité! C'est à les marquer exactement, ces justes bornes; c'est à modérer par les règles de la justice, de l'équité, de l'humanité, un Droit triste en lui-même & trop souvent nécessaire, que cette premiére Partie est destiné.

§. 4. La Nature ne donnant aux hommes le droit d'user de force que quand il leur devient nécessaire pour leur défense & pour la conservation de leurs droits, il est aisé d'en conclure, que depuis l'établissement des Sociétés Politiques,

ques, un droit si dangereux dans son exercice n'appartient plus aux particuliers, si ce n'est dans ces rencontres, où la Société ne peut les protéger, les secourir. Dans le sein de la Société, l'Autorité publique vuide tous les Différends des Citoyens, réprime la violence & les voies de fait. Que si un particulier veut poursuivre son droit contre le sujet d'une Puissance étrangère, il peut s'adresser au Souverain de son adversaire, aux Magistrats qui exercent l'Autorité publique : Et s'il n'en obtient pas justice, il doit recourrir à son propre Souverain, obligé de le protéger. Il seroit trop dangereux d'abandonner à chaque Citoyen la liberté de se faire lui-même justice contre les Etrangers ; une Nation n'auroit pas un de ses membres qui ne pût lui attirer la Guerre. Et comment les Peuples conserveroient-ils la paix, si chaque particulier avoit le pouvoir de la troubler? Un droit d'une si grande importance, le droit de juger si la Nation a un véritable sujet de se plaindre, si elle est dans le cas d'user de force, de prendre les armes avec justice, si la prudence le lui permet, si le bien de l'Etat l'y invite ; ce droit, dis-je, ne peut appartenir qu'au Corps de la Nation, ou au Souverain qui la répresente. Il est sans-doute au nombre de ceux, sans lesquels on ne peut gouverner d'une manière salutaire, & que l'on appelle Droit de Majesté. *

* Voyez le Droit des Gens L. I. §. 45.

La Puissance souveraine est donc seule en pouvoir de faire la Guerre. Mais comme les divers Droits qui forment cette Puissance, résident originairement dans le Corps de la Nation, peuvent être séparés, ou limités, suivant la volonté de la Nation;* c'est dans la Constitution particulière de chaque Etat, qu'il faut chercher quelle est la Puissance autorisée à faire la Guerre au nom de la Société. Les Rois d'Angleterre, dont le pouvoir est d'ailleurs si limité, ont le droit de faire la Guerre (a) & la Paix: Ceux de Suède l'ont perdu. Les brillans & ruineux exploits de CHARLES XII. n'ont que trop autorisé les Etats du Royaume à se réserver un Droit si intéressant pour leur salut.

§. 5. La Guerre est *Défensive*, ou *Offensive*. Celui qui prend les armes pour repousser un Ennemi qui l'attaque, fait une Guerre *Défensive*. Celui qui prend les armes le prémier & attaque une Nation qui vivoit en paix avec lui, fait une Guerre *Offensive*. L'objet de la Guerre défensive est simple, c'est la défense de soi-même: Celui de la Guerre offensive varie autant que les diverses affaires des Nations. Mais en général, il se rap-

---

* V. le D. d. G. L. I. §. 31. & 45.

(a) Je parle du droit en lui-même. Mais un Roi d'Angleterre ne pouvant, ni lever de l'argent, ni contraindre ses sujets à prendre les armes, sans le concours du Parlement; son droit de faire la Guerre se réduit en effet à peu de chose, si le Parlement ne lui fournit les moyens.

rapporte ou à la pourſuite de quelques droits, ou à la ſureté. On attaque une Nation, ou pour ſe faire donner une choſe, à laquelle on forme des prétentions, ou pour la punir d'une injure qu'on en a reçuë, ou pour prévenir celle qu'elle ſe prépare à faire, & détourner un danger, dont on ſe croit menacé de ſa part. Je ne parle pas encore de la juſtice de la Guerre: Ce ſera le ſujet d'un autre Chapitre. Il s'agit ſeulement ici d'indiquer en général les divers objets, pour leſquels on prend les armes; objets qui peuvent fournir des raiſons légitimes, ou d'injuſtes prétextes, mais qui ſont au moins ſuſceptibles d'une couleur de Droit. C'eſt pourquoi je ne mets point au rang des objets de la Guerre offenſive, la Conquête, ou le déſir d'envahir le bien d'autrui: Une pareille vuë, dénuée même de prétexte, n'eſt pas l'objet d'une Guerre en forme, mais celui d'un Brigandage, dont nous parlerons en en ſon lieu.

CHAPITRE II.

De ce qui ſert à faire la Guerre, de la levée des Troupes &c. de leurs Commandans, ou des Puiſſances ſubalternes dans la Guerre.

Le Souverain eſt le véritable Auteur de la Guerre, laquelle ſe fait en ſon nom & par ſon ordre. Les Troupes, Officiers, Soldats, &

en général tous ceux par le moyen desquels le Souverain fait la Guerre, ne sont que des instruments dans sa main. Ils exécutent sa volonté, & non la leur. Les armes, & tout l'appareil des choses qui servent à la Guerre, sont des instruments d'un ordre inférieur. Il est important, pour des questions qui se présenteront dans la suite, de déterminer précisément quelles sont les choses qui appartiennent à la Guerre. Sans entrer ici dans le détail, nous dirons que tout ce qui sert particulièrement à faire la Guerre, doit être mis au rang des instruments de la Guerre; & les choses qui sont également d'usage en tout tems, comme les vivres, appartiennent à la paix; si ce n'est en certaines occasions particulières, où l'on voit que ces choses-là sont spécialement destinées à soutenir la Guerre. Les Armes de toute espèce, l'Artillerie, la poudre à canon, le salpêtre & le souffre, qui servent à la fabriquer, les échelles, gabions, outils, & tout l'attirail d'un siége; les matériaux de construction pour vaisseaux de guerre, les tentes, les habits de soldats &c. tout cela appartient constamment à la Guerre.

§. 7. La Guerre ne pouvant se faire sans soldats, il est manifeste que quiconque a le droit de faire la Guerre, a naturellement aussi celui de lever des Troupes. Ce dernier droit appartient donc encore au Souverain (§. 4.), & il est au nombre des Droits de Majesté.* Le pouvoir de lever

---

* Voyez le Droit des Gens L. II. §. 49. & suiv.

lever des Troupes, de mettre une Armée sur pied, est d'une trop grande conséquence dans l'Etat, pour qu'il puisse être confié à d'autres qu'au Souverain. Les Puissances subalternes n'en sont point revêtuës: Elles l'exercent seulement par ordre ou par Commission du Souverain. Mais il n'est pas toûjours nécessaire qu'elles en ayent un ordre exprès. Dans ces occasions pressantes, où il est impossible d'attendre les ordres suprêmes, un Gouverneur de Province, un Commandant de Place peuvent lever des Troupes, pour la défense de la Ville ou de la Province qui leur est confiée ; & ils le font en vertu du pouvoir que leur donne tacitement leur Commission, pour des cas de cette nature.

Je dis que ce pouvoir éminent est l'appanage du Souverain; il fait partie de l'Empire suprême. Mais il est démontré, que les droits, dont l'assemblage constituë la souveraineté, peuvent être divisés *, si telle est la volonté de la Nation. Il peut donc arriver, que la Nation ne confie pas à son Conducteur un droit si dangereux à la Liberté, celui de lever des Troupes & de les tenir sur pied, ou qu'elle en limite au moins l'exercice, en le faisant dépendre du consentement de ses Réprésentans. Le Roi d'Angleterre, qui a le droit de faire la Guerre, a bien aussi celui de délivrer des Commissions pour la levée des Troupes; mais il ne peut contraindre personne

à s'en-

_____
* V. le D. d. G. L I. §. 45.

à s'enrôller, ni entretenir une Armée sur pied, sans le concours du Parlement.

§. 8. Tout Citoyen est obligé de servir & de défendre l'Etat, autant qu'il en est capable. La Société ne peut se conserver autrement ; & ce concours pour la défense commune est une des prémières vuës de toute Association Politique. Quiconque est en état de porter les armes, doit les prendre, au prémier commandement de celui qui a le pouvoir de faire la Guerre.

§. 9. Autrefois, & sur-tout dans les petits Etats, dès que la Guerre se déclaroit, tout devenoit soldat ; le peuple entier prenoit les armes & faisoit la guerre. Bientôt on fit un choix, on forma des Armées de gens d'élite, & le reste du peuple se tint à ses occupations ordinaires. Aujourd'hui l'usage des Troupes reglées s'est établi presque par-tout, & principalement dans les grands Etats. La Puissance publique lève des soldats, les distribuë en différens Corps, sous l'autorité des Chefs & autres Officiers, & les entretient aussi long-tems qu'elle le trouve à propos. Puisque tout Citoyen ou sujet est obligé de servir l'Etat, le Souverain est en droit d'enrôller qui il lui plaît, dans le besoin. Mais il ne doit choisir que des gens propres au métier de la guerre ; & il est tout-à-fait convenable qu'il ne prenne, autant que cela se peut, que des hommes de bonne volonté, qui s'enrôllent sans contrainte.

§. 10.

§. 10. Naturellement nul n'est exempt de prendre les armes pour la Cause de l'Etat ; l'obligation de tout Citoyen étant la même. Ceux-là seuls sont exceptés, qui ne sont pas capables de manier les armes, ou de soutenir les fatigues de la guerre. Par cette raison, on exempte les vieillards, les enfans & les femmes. Quoi-qu'il se trouve des femmes aussi robustes & aussi courageuses que les hommes, cela n'est pas ordinaire ; & les règles sont nécessairement générales: elles se forment sur ce qui se voit plus communément. D'ailleurs les femmes sont nécessaires à d'autres soins dans la Société ; enfin le mélange des deux séxes dans les Armées, entraîneroit trop d'inconvéniens.

Autant qu'il est possible, un bon Gouvernement doit employer tous les Citoyens, distribuer les charges & les fonctions, de manière que l'Etat soit le mieux servi, dans toutes ses affaires. Il doit donc, quand la nécessité ne le presse pas, exempter de la Milice tous ceux qui sont voüés à des fonctions utiles, ou nécessaires à la Société. C'est pourquoi les Magistrats sont ordinairement exempts ; ils n'ont pas trop de tout leur tems, pour rendre la Justice & maintenir le bon ordre.

Le Clergé (ne peut naturellement ou de droit) s'arroger aucune exemption particulière. Défendre la Patrie n'est point une fonction indigne des mains les plus sacrées. A la vérité, les mêmes raisons que nous venons d'alléguer en faveur des Magistrats, doivent faire exempter des armes le Clergé véritablement utile, celui qui sert à enseigner la Religion, à gouverner l'Eglise & à célébrer le Culte public (a).

(a) Autrefois les Evêques alloient à la Guerre, à raison de leurs Fiefs, & y menoient leurs Vassaux. Les Evêques Danois ne manquoient point à une fonction, qui leur plaisoit davantage que les soins paisibles de l'Episcopat. Le fameux ABSOLON Evêque de Roschild & ensuite Archevêque de Lunden, étoit le principal General du Roi VOLDEMAR I. L'Histoire parle d'un Evêque de Beauvais sous PHILIPPE-AUGUSTE, qui combattant à la Bataille de Bouvines, assommoit les ennemis à coups de massue, afin de ne pas encourir l'irrégularité en répandant leur sang. Et depuis que l'usage des Troupes reglées a mis fin à ce service féodal, on a vû des Prélats guerriers ambitionner le Commandement des Armées. Le Cardinal de LA VALETTE, SOURDIS Archevêque de Bourdeaux, endossèrent la Cuirasse sous le Ministère de RICHELIEU, qui s'en revêtit lui-même, à l'attaque du pas de Suse. C'est un abus, auquel l'Eglise s'oppose avec raison. Un Evêque est mieux à sa place dans son Diocèse, qu'à l'Armée: Et aujourd'hui les Souverains ne manquent pas de Généraux & d'Officiers, plus utiles que ne pourroient l'être des Gens d'Eglise. En général, il convient que chacun reste dans ses fonctions. Je ne conteste au Clergé qu'une exemption de droit, & dans les cas de nécessité.

Il est entre autres une espèce de fainéans, dont l'exemption est criante ; je veux parler de ce tas de valets, qui remplissent inutilement les Maisons des Grands & des riches : Gens dont la vocation est de se corrompre eux-mêmes, en étalant le luxe de leur Maître.

§. 11. Chez les Romains, la Milice fut gratuite, pendant que tout le peuple y servoit à son tour. Mais dès que l'on fait un choix, dès que l'on entretient des Troupes sur pied, l'Etat doit les soudoyer ; car personne ne doit que sa quote-part du service public : Et si les revenus ordinaires ne suffisent pas, il faut y pourvoir par des Impôts. Il est juste que ceux qui ne servent pas, payent leurs Défenseurs.

Quand le soldat n'est pas sous la tente, il faut nécessairement le loger. Cette charge tombe naturellement sur ceux qui possèdent des Maisons. Mais comme elle est sujette à bien des inconvéniens, & très-fâcheuse aux Citoyens ; il est d'un bon Prince, d'un Gouvernement sage & équitable, de les en soulager autant qu'il est possible. Le Roi de France y a pourvû magnifiquement en bien des Places, par des Cazernes, construites pour le logement de la Garnison.

§. 12. Les Asyles préparés aux soldats & aux Officiers pauvres, qui ont blanchi sous le harnois, que les fatigues ou le fer de l'ennemi ont mis hors d'état de pourvoir à leurs besoins, peuvent être envisagés comme une partie de la solde militaire. En France & en Angleterre, de magnifinifiques Etabliſſemens en faveur des Invalides, font honneur au Souvèrain & à la Nation, en acquittant une dette ſacrée. Le ſoin de ces infortunées victimes de la Guerre, eſt un devoir indiſpenſable pour tout Etat, à proportion de ſon pouvoir. Il eſt contraire, non pas ſeulement à l'humanité, mais à la plus étroite juſtice, de laiſſer périr de miſère, ou indignement forcés à mendier leur pain, de généreux Citoyens, des Héros, qui ont verſé leur ſang pour le ſalut de la Patrie. Leur entretien honorable ſeroit une charge bien convenable à répartir ſur les riches Couvents & ſur les gros Bénéfices Eccléſiaſtiques. Il eſt trop juſte que des Citoyens, qui fuient tous les dangers de la guerre, employent une partie de leurs richeſſes à ſoulager leurs vaillans Défenſeurs.

§. 13. Les ſoldats mercénaires ſont des Etrangers, qui s'engagent volontairement à ſervir l'Etat, pour de l'argent, pour une ſolde convenuë. Comme ils ne doivent aucun ſervice à un Souverain, dont ils ne ſont pas ſujets, les avantages qu'il leur fait ſont leurs motifs. Ils contractent, par leur engagement, l'obligation de le ſervir; & le Prince, de ſon côté leur promet des conditions, ſtipulées dans leur Capitulation. Cette Capitulation (Règle & meſure des obligations & des droits reſpectifs des Contractans) doit être obſervée religieuſement. Les plaintes de quelques Hiſtoriens François, contre des Troupes Suiſſes, qui, en diverſes occaſions, ont autrefois

fois refusé de marcher à l'ennemi, & se sont même retirées, parce qu'on ne les payoit pas; ces plaintes, dis-je, ne sont pas moins ridicules qu'injustes. Par quelle raison une Capitulation lieroit-elle plus fortement l'une des parties que l'autre? Dès que le Prince ne tient pas ce qu'il a promis, les soldats étrangers ne lui doivent plus rien. J'avoüe qu'il y auroit peu de générosité à abandonner un Prince, lorsqu'un accident le mettroit pour un tems hors d'état de payer, sans qu'il y eût de sa faute. Il pourroit se trouver même des circonstances, dans lesquelles cette inflexibilité seroit, si non injuste à rigueur, au moins fort contraire à l'équité. Mais ce n'a jamais été le cas des Suisses. Ils ne quittoient point à la prémière *montre* qui manquoit: Et lorsqu'ils ont vû dans un Souverain beaucoup de bonne volonté, jointe à une véritable impuissance de les satisfaire, leur patience & leur zéle se sont constamment soutenus. HENRI IV. leur devoit des sommes immenses: Ils ne l'abandonnèrent point dans ses plus grandes nécessités; & ce Héros trouva dans cette Nation autant de générosité que de bravoure.

Je parle ici des Suisses, parce qu'en effet, ceux dont il est question étoient souvent de simples Mercénaires. Mais il ne faut pas confondre avec des Troupes de cette espèce, les Suisses qui servent aujourd'hui diverses Puissances avec la permission de leur Souverain, & en vertu des Alliances, qui subsistent entre ces Puissances & le Corps
Helvé-

Helvétique, ou quelque Canton en particulier. Ces dernières Troupes font de véritables Auxiliaires, quoique payées par les Souverains qu'elles servent.

On a beaucoup agité la question, si la profession de soldat mercénaire est légitime, ou non; s'il est permis à des particuliers de s'engager pour de l'argent, ou pour d'autres récompenses, à servir un Prince étranger, dans ses guerres ? Je ne vois pas que cette question soit fort difficile à résoudre. Ceux qui s'engagent ainsi, sans la permission expresse ou tacite de leur Souverain, péchent contre leur devoir de Citoyens. Mais dès que le Souverain leur laisse la liberté de suivre leur inclination pour les armes ; ils deviennent libres à cet égard. Or il est permis à tout homme libre, de se joindre à telle Société qu'il lui plaît, & où il trouve son avantage, de faire cause commune avec elle, & d'épouser ses querelles. Il devient en quelque façon, au moins pour un tems, Citoyen de l'Etat où il prend du service : Et comme, pour l'ordinaire, un Officier est libre de quitter quand il le trouve à propos, & le simple soldat au terme de son engagement; si cet Etat entreprend une guerre manifestement injuste, l'Etranger peut prendre son Congé.

Le soldat mercénaire, en apprenant le métier de la guerre, se sera rendu plus capable de servir sa Patrie, si jamais elle a besoin de son bras. Cette dernière considération nous fournira la réponse à une instance, que l'on fait ici. On demande,
si le

si le Souverain peut honnêtement permettre à ses sujets, de servir indistinctement des Puissances étrangères, pour de l'argent? Il le peut, par cette seule raison, que de cette manière ses sujets vont à l'Ecole d'un Métier, qu'il est utile & nécessaire de bien savoir. La tranquillité, la paix profonde, dont jouit depuis long-tems la Suisse, au milieu des Guerres qui agitent l'Europe, ce long repos lui deviendroit bientôt funeste, si ses Citoyens n'alloient pas dans les Services étrangers, se former aux opérations de la guerre & entretenir leur ardeur martiale.

§. 14. Les soldats mercénaires s'engagent volontairement ; le Souverain n'a aucun droit de contraindre des étrangers: Il ne doit même employer ni surprise, ni artifice, pour les engager à un Contrat, lequel, aussi bien que tout autre, doit être fondé sur la bonne-foi.

§. 15. Le droit de lever des soldats appartenant uniquement à la Nation, ou au Souverain (§. 7.) personne ne peut en enrôller en pays étranger, sans la permission du Souverain; & avec cette permission même, on ne peut enrôller que des volontaires. Car il ne s'agit pas ici du service de la Patrie, & nul Souverain n'a le droit de donner, ou de vendre ses sujets à un autre.

Ceux qui entreprennent d'engager des soldats en pays étranger, sans la permission du Souverain, & en général quiconque débauche les sujets d'autrui, viole un des droits les plus sacrés

du

du Prince & de la Nation. C'est le crime que l'on appelle *Plagiat*, ou vol d'homme. Il n'est aucun Etat policé qui ne le punisse très-sévèrement. Les Enrôlleurs étrangers sont pendus sans rémission, & avec justice. On ne présume point que leur Souverain leur ait commandé de commettre un crime : & quand ils en auroient reçû l'ordre, ils ne doivent pas obéir ; le Souverain n'étant pas en droit de commander des choses contraires à la Loi Naturelle. On ne présume point, dis-je, que ces Enrôlleurs agissent par ordre de leur Souverain, & on se contente pour l'ordinaire de punir, quand on peut les attraper, ceux qui n'ont mis en œuvre que la séduction. S'ils ont usé de violence ; on les reclame, lorsqu'ils ont échapé, & on redemande les hommes qu'ils ont enlevés. Mais si l'on est assûré qu'ils ont eû des ordres, on est fondé à regarder cet attentat d'un Souverain étranger comme une injure, & comme un sujet très-légitime de lui déclarer la Guerre, à moins qu'il ne fasse une réparation convenable.

§. 16. Tous les soldats, sujets ou étrangers, doivent prêter serment de servir avec fidélité, & de ne point déserter le service. Ils y sont déja obligés, les uns par leur qualité de sujets, & les autres par leur engagement. Mais leur fidélité est si importante à l'Etat, qu'on ne sçauroit prendre trop de précautions pour s'en assûrer. Les déserteurs méritent d'être punis très-sévèrement, & le Souverain peut même décer-

décerner contre eux une peine capitale, s'il le juge néceffaire. Les émiffaires, qui les follicitent à la défertion, font beaucoup plus coupables encore que les enrôlleurs, dont nous venons de parler.

§. 17. Le bon ordre & la fubordination, partout fi utiles, ne font nulle-part fi néceffaires que dans les Troupes. Le Souverain doit déterminer exactement les fonctions, les devoirs & les droits des gens de Guerre, foldats, Officiers, Chefs des Corps, Généraux; il doit régler & fixer l'autorité des Commandans dans tous les grades, les peines attachées aux délits, la forme des Jugemens &c. Les Loix & les Ordonnances, qui concernent ces différens points, forment le Code Militaire.

§. 18. Les reglemens qui tendent en particulier à maintenir l'ordre dans les troupes & à les mettre en état de fervir utilement, forment ce qu'on appelle la Difcipline Militaire. Elle eft d'une extrême importance. Les Suiffes font la prémière des Nations modernes qui l'ait remife en vigueur. Une bonne Difcipline, jointe à la Valeur d'un Peuple libre, produifit dès les commencemens de la République, ces exploits éclatans, qui étonnèrent toute l'Europe: MACHIAVEL dit, que *les Suiffes font les Maîtres de l'Europe dans l'art de la Guerre* (a). De nos jours les Pruffiens ont fait voir, ce que l'on peut attendre d'une bonne difcipline & d'un

exer-

(a) Difcours fur TITE LIVE,
Partie I. B

exercice assidu : Des soldats ramassés de tout côté, ont exécuté, par la force de l'habitude & par l'impression du Commandement, ce que l'on pourroit espérer des sujets les plus affectionnés.

§. 19. Chaque Officier de Guerre, depuis l'Enseigne jusqu'au Général, jouït des droits & de l'autorité qui lui sont attribués par le Souverain : Et la volonté du Souverain, à cet égard, se manifeste par ses déclarations expresses, soit dans les Commissions qu'il délivre, soit dans les Loix Militaires ; ou elle se déduit, par une conséquence légitime, de la nature des fonctions commises à un chacun. Car tout homme en place est présumé revêtu de tous les pouvoirs, qui lui sont nécessaires pour bien remplir sa Charge, pour s'acquitter heureusement de ses fonctions.

Ainsi la Commission de Général en chef, quand elle est simple & non limitée, donne au Général un pouvoir absolu sur l'Armée, le droit de la faire marcher où il juge à propos d'entreprendre telles opérations qu'il trouve convenables au service de l'Etat &c. Il est vrai que souvent on limite son pouvoir : Mais l'exemple du Maréchal de TURENNE montre assez, que quand le Souverain est assûré d'avoir fait un bon choix, il lui est avantageux & salutaire de donner *carte blanche* au Général. Si le Duc de MARLBOUROUGH eût dépendu, dans ses opérations, de la direction du Cabinet ; il n'y a pas d'apd'apparence que toutes ſes Campagnes euſſent été couronnées de ſuccès ſi éclatans.

Quand un Gouverneur eſt aſſiégé dans ſa Place; toute communication avec ſon Souverain, lui étant coupée il ſe trouve par cela même revêtu de toute l'Autorité de l'Etat, en ce qui concerne la défenſe de la Place & le ſalut de la Garniſon. Il eſt néceſſaire de bien remarquer ce que nous diſons ici, afin d'avoir un principe pour juger de ce que les divers Commandans (qui ſont des Puiſſances ſubalternes, ou inférieures, dans la Guerre) peuvent faire avec un pouvoir ſuffiſant. Outre les conſéquences que l'on peut tirer de la nature même des fonctions, il faut encore ici conſulter la Coûtume & les uſages reçûs. Si l'on ſcait que chez une Nation, les Officiers d'un certain grade ont conſtamment été revêtus de tels ou tels pouvoirs, on préſume légitimement que celui à qui on a affaire eſt muni des mêmes pouvoirs.

§. 20. Tout ce qu'une Puiſſance inférieure, un Commandant dans ſon département, promet dans les termes de ſa Commiſſion & ſuivant le pouvoir que lui donnent naturellement ſon Office & les fonctions qui lui ſont commiſes; tout cela dis-je, par les raiſons que nous venons d'expoſer, eſt promis au nom & en l'autorité du Souverain, & l'oblige comme s'il avoit promis lui-même immédiatement. Ainſi un Commandant capitule pour ſa Place & pour ſes Troupes; & le Souverain ne peut invalider

ce

ce qu'il a promis. Dans la dernière Guerre, le Général qui commandoit les François à *Lintz*, s'engagea à ramener ses Troupes en deça du Rhin. Des Gouverneurs de Place ont souvent promis que pendant un certain tems, leur Garnison ne porteroit point les armes contre l'ennemi avec qui ils capituloient : Et ces Capitulations ont été fidèlement observées.

§. 21. Mais si la Puissance inférieure va plus loin & passe le pouvoir de sa Charge, sa promesse n'est plus qu'un engagement privé, ce que l'on appelle *sponsio*.* C'étoit le cas des Consuls Romains aux *Fourches-Caudines*. Ils pouvoient bien consentir à livrer des Otages, à faire passer l'Armée sous le joug &c. Mais ils n'étoient pas en pouvoir de faire la paix ; comme ils eurent soin d'en avertir les Samnites.

Si une Puissance inférieure s'attribuë un pouvoir qu'elle n'a pas, & trompe ainsi celui qui traite avec elle, même un Ennemi ; elle est naturellement tenuë du dommage causé par sa fraude, & obligée à le réparer. Je dis, même un Ennemi ; car la Foi dans les Traités doit être gardée entre Ennemis, comme en conviennent tous ceux qui ont du sentiment, & comme nous le prouverons dans la suite. Le Souverain de cet Officier de mauvaise foi, doit le punir & l'obliger à réparer sa faute ; il le doit à la justice & à sa propre gloire.

§. 23.

* V. le D. d. G. L. I. §. 31. & 45.

§. 23. Les Puissances subalternes obligent par leurs promesses ceux qui sont sous leurs ordres, à l'égard de toutes les choses qu'elles sont en pouvoir & en possession de leur commander. Car, à l'égard de ces choses-là, elles sont revêtuës de l'autorité du Souverain, que leurs inférieurs sont tenus de respecter en elles. C'est ainsi que dans une Capitulation, le Gouverneur de la Place stipule & promet pour sa Garnison, & même pour les Magistrats & les Citoyens.

CHAPITRE III.
Des justes Causes de la Guerre.

§. 24. Quiconque aura une idée de la Guerre, quiconque réfléchira à ses effets terribles, aux suites funestes qu'elle traîne après elle, conviendra aisément qu'elle ne doit point être entreprise sans les plus fortes raisons. L'humanité se révolte contre un Souverain, qui prodigue le sang de ses plus fidèles sujets, sans nécessité, ou sans raisons pressantes; qui expose son peuple aux calamités de la Guerre, lorsqu'il pourroit le faire jouïr d'une paix glorieuse & salutaire. Que si à l'imprudence, au manque d'amour pour son peuple, il joint l'injustice envers ceux qu'il attaque; de quel crime, ou plûtôt, de quelle effroyable suite de crimes ne se rend-il point coupable? Chargé de tous les maux qu'il attire à ſes ſujets, il eſt coupable encore de tous ceux qu'il porte chez un peuple innocent: Le ſang verſé, les Villes ſaccagées, les Provinces ruinées; voilà ſes forfaits! On ne tuë pas un homme, on ne brûle pas une chaumière, dont il ne ſoit reſponſable devant Dieu & comptable à l'humanité. Les violences, les crimes, les déſordres de toute eſpèce, qu'entraînent le tumulte & la licence des armes, ſouillent ſa Conſcience & ſont mis ſur ſon compte, parce qu'il en eſt le prémier auteur. Puiſſe ce foible tableau toucher les Conducteurs des Nations, & leur inſpirer, dans les entrepriſes guerrières, une circonſpection proportionnée à l'importance du ſujet!

§. 25. Si les hommes étoient toûjours raiſonnables, ils ne combattroient que par les armes de la Raiſon; la Juſtice & l'Equité naturelle ſeroient leur règle, ou leur Juge. Les voies de la force ſont une triſte & malheureuſe reſſource, contre ceux qui mépriſent la Juſtice & qui refuſent d'écouter la Raiſon. Mais enfin, il faut bien venir à ce moyen, quand tout autre eſt inutile. Une Nation juſte & ſage, un bon Prince, n'y recourt qu'à l'extrémité *. Les raiſons qui peuvent l'y déterminer ſont de deux ſortes; Les unes font voir qu'il eſt en droit de faire la Guerre, qu'il en a un légitime ſujet; on les appelle *Raiſons juſtificatives*: Les autres ſont priſes de l'utilité

&

---

* V. le D. d. G. Liv. II. Chap. XVIII.

& de la convenance: Par elles on voit s'il convient au Souverain d'entreprendre la Guerre; ce sont des *Motifs*.

Le droit d'user de force, ou de faire la Guerre n'appartient aux Nations que pour leur défense & pour le maintien de leurs droits (§. 3.). Or si quelqu'un attaque une Nation ou viole ses droits parfaits, il lui fait *injure*. Dès-lors, & dès-lors seulement, cette Nation est en droit de le repousser & de le mettre à la raison: Elle a le droit encore de prévenir l'injure, quand elle s'en voit menacée. Disons donc en général, que le fondement, ou la Cause de toute Guerre juste est *l'injure*, ou déja faite, ou dont on se voit menacé. Les raisons justificatives de la Guerre font voir, que l'on a reçû une injure, ou qu'on s'en voit assez menacé, pour être autorisé à la prévenir par les armes. Au reste, on voit bien qu'il s'agit ici de la partie principale, qui fait la Guerre, & non de ceux qui y prennent part, en qualité d'Auxiliaires.

Lors donc qu'il s'agit de juger si une Guerre est juste, il faut voir si celui qui l'entreprend, a véritablement reçû une injure, ou s'il en est réellement menacé. Et pour savoir ce que l'on doit regarder comme une injure, il faut connoître les *droits* proprement dits, les *droits parfaits* d'une Nation. Il en est de bien des sortes, & en très-grand nombre; mais on peut les rapporter tous aux chefs généraux, dont nous avons

* V. le D. d. G. L. I. §. 50.

avons déja traité, & dont nous traiterons encore dans cet Ouvrage. Tout ce qui donne atteinte à ces droits est une *injure*, & une juste Cause de la Guerre.

§. 27. Par une conséquence immédiate de ce que nous venons d'établir, si une Nation prend les armes lorsqu'elle n'a reçu aucune injure, & qu'elle n'en est point menacée, elle fait une Guerre injuste. Celui-là seul a droit de faire la guerre, à qui on a fait, ou à qui on se prépare à faire injure.

§. 28. Nous déduirons encore du même Principe le but, ou la fin légitime de toute Guerre, qui est de *venger, ou de prévenir l'injure*. Venger signifie ici, poursuivre la réparation de l'injure, si elle est de nature à être réparée, ou une juste satisfaction, si le mal est irréparable; c'est encore, si le cas l'exige, punir l'offenseur, dans la vuë de pourvoir à notre sûreté pour l'avenir. Le Droit de sûreté nous autorise à tout cela. Nous pouvons donc marquer distinctement cette triple fin de la Guerre légitime : 1. Nous faire rendre ce qui nous appartient, ou ce qui nous est dû. 2. Pourvoir à notre sûreté pour la suite, en punissant l'aggresseur ou l'offenseur. 3. Nous défendre, ou nous garentir d'injure, en repoussant une injuste violence. Les deux prémiers points sont l'objet de la Guerre offensive, le troisième est celui de la Guerre defensive. CAMILLE sur le point d'attaquer les Gaulois,

pré-

* V. m. D. d. G. L. I. §. 49. & 52.

présente en peu de mots à ses soldats tous les sujets qui peuvent fonder, ou justifier la Guerre: *omnia quæ defendi, repetique & ulcisci fas sit* (a).

§. 29. La Nation, ou son Conducteur, n'ayant pas seulement à garder la justice, dans toutes ses démarches, mais encore à les règler constamment sur le bien de l'Etat; il faut que des motifs honnêtes & louables conourrent avec les raisons justificatives, pour lui faire entreprendre la Guerre. Ces raisons font voir, que le Souverain est en droit de prendre les armes, qu'il en a un juste sujet; les motifs honnêtes montrent, qu'il est à propos, qu'il est convenable, dans le cas dont il s'agit, d'user de son droit: Ils se rapportent à la Prudence, comme les raisons justificatives appartiennent à la Justice.

J'appelle motifs *honnêtes & loüables*, ceux qui sont pris du bien de l'Etat, du salut & du commun avantage des Citoyens. Ils ne vont point sans les raisons justificatives; car il n'est jamais véritablement avantageux de violer la Justice. Si une Guerre injuste enrichit l'Etat pour un tems, si elle recule ses frontières; elle le rend odieux aux autres Nations, & l'expose au danger d'en être accablé. Et puis, sont-ce toûjours les richesses, & l'étenduë des Domaines, qui font le bonheur des Etats? On pourroit citer bien des exemples; bornons-nous à celui

B 5   des

(a) Tit. Liv. Lib. V. cap. XLIX.

des Romains. La République Romaine se perdit par ses triomphes, par l'excès de ses Conquêtes & de sa puissance. Rome, la Maîtresse du Monde, asservie à des Tyrans, opprimée sous le Gouvernement Militaire, avoit sujet de déplorer les succès de ses armes, de regretter les tems heureux, où sa puissance ne s'étendoit pas au dehors de l'Italie, ceux-là même où sa Domination étoit presque renfermée dans l'enceinte de ses murailles.

Les *Motifs vicieux* sont tous ceux qui ne se rapportent point au bien de l'Etat, qui ne sont pas puisés dans cette source pure, mais suggérés par la violence des passions. Tels sont l'orgueilleux désir de commander, l'ostentation de ses forces, la soif des richesses, l'avidité des Conquêtes, la haine, la vengeance.

§. 31. Tout le droit de la Nation, & par conséquent du Souverain, vient du bien de l'Etat, & doit se mesurer sur cette règle. L'obligation d'avancer & de maintenir le vrai bien de la Société, de l'Etat, donne à la Nation le droit de prendre les armes contre celui qui menace ou qui attaque ce bien précieux. Mais si, lorsqu'on lui fait injure, la Nation est portée à prendre les armes, non par la nécessité de se procurer une juste réparation, mais par un motif vicieux; elle abuse de son droit: Le vice du motif souille les Armes, qui pouvoient être justes: La Guerre ne se fait point pour le sujet légitime qu'on avoit de l'entreprendre, & ce sujet

jet n'en est plus que le prétexte. Quant au Souverain en particulier, au Conducteur de la Nation, de quel droit expose-t-il le salut de l'Etat, le sang & la fortune des Citoyens, pour satisfaire ses passions ? Le pouvoir suprême ne lui est confié que pour le bien de la Nation ; il n'en doit faire usage que dans cette unique vuë ; c'est le but prescrit à ses moindres démarches : & il se portera à la plus importante, à la plus dangereuse, par des motifs étrangers ou contraires à cette grande fin ! Rien est plus ordinaire cependant qu'un renversement de vuës si funeste; & il est remarquable, que, par cette raison, le judicieux POLYBE appelle *Causes* (*a*) de la Guerre, les Motifs qui portent à l'entreprendre, & *Prétextes* (*b*), les raisons justificatives, dont on s'autorise. C'est ainsi, dit-il, que la Cause de la Guerre des Grecs contre les Perses fut l'expérience qu'on avoit faite de leur foiblesse; & PHILIPPE, ou ALEXANDRE après lui, prit pour prétexte le désir de venger les injures, que la Grèce avoit si souvent reçuës, & de pourvoir à sa sûreté pour l'avenir.

§. 32. Toutefois, espérons mieux des Nations & de leurs Conducteurs. Il est de justes Causes de Guerre, de véritables raisons justificatives : Et pourquoi ne se trouveroit-il pas des Souverains, qui s'en autorisent sincèrement, quand on a d'ailleurs des motifs raisonnables de prendre les

---

(*a*) αἰτίαι. Histor. Lib. III. cap. VI.
(*b*) προφάσεις.

les armes? Nous appellerons donc *Prétextes*, les Raisons que l'on donne pour justificatives, & qui n'en ont que l'apparence, ou qui sont même absolument destituées de fondement. On peut encore appeller *Prétextes*, des raisons vraies en elles-mêmes & fondées, mais qui n'étant point d'une assez grande importance pour faire entreprendre la Guerre, ne sont mises en avant que pour couvrir des vuës ambitieuses, ou quelqu'autre motif vicieux. Telle étoit la plainte du Czar Pierre I. de ce qu'on ne lui avoit pas rendu assez d'honneurs, à son passage dans *Riga*. Je ne touche point ici à ses autres raisons pour déclarer la Guerre à la Suéde.

Les Prétextes sont au moins un hommage, que les injustes rendent à la Justice. Celui qui s'en couvre, témoigne encore quelque pudeur. Il ne déclare pas ouvertement la guerre à tout ce qu'il y a de sacré dans la Société humaine. Il avoüe tacitement, que l'injustice décidée mérite l'indignation de tous les hommes.

§. 33. Celui qui entreprend une Guerre, sur des motifs d'utilité seulement, sans raisons justificatives, agit sans aucun droit, & sa Guerre est injuste. Et celui, qui ayant en effet quelque juste sujet de prendre les armes, ne s'y porte cependant que par des vuës intéressées, ne peut être à la vérité accusé d'injustice; mais il manifeste des dispositions vicieuses: Sa Conduite est répréhensible, & souillée par le vice des motifs. La Guerre est un fléau si terrible, que la justice

seu-

seule, jointe à une espèce de nécessité, peut l'autoriser, la rendre loüable, ou au moins la mettre à couvert de tout reproche.

§. 34. Ceux qui sont toûjours prêts à prendre les armes, dès qu'ils espérent y trouver quelque avantage, sont des injustes, des ravisseurs; mais ceux qui semblent se nourrir des fureurs de la Guerre, qui la portent de tous côtés sans raisons ni prétextes, & même sans autre motif que leur férocité, sont des Monstres, indignes du nom d'hommes. Ils doivent être regardés comme les Ennemis du Genre-humain, de même que, dans la Société Civile, les assassins & les Incendiaires de profession, ne sont pas seulement coupables envers les victimes particulières de leur brigandage, mais encore envers l'Etat, dont ils sont déclarés ennemis. Toutes les Nations sont en droit de se réunir, pour châtier, & même pour exterminer ces hommes féroces. Tels étoient divers Peuples Germains, dont parle TACITE; tels ces Barbares, qui ont détruit l'Empire Romain. Ils conservèrent cette férocité, long-tems après leur conversion au Christianisme. Tels ont été les Turcs & d'autres Tartares, GENGHIS-KAN, TIMUR BEC, ou TAMERLAN fléaux de Dieu comme ATTILA, & qui faisoient la Guerre pour le plaisir de la faire. Tels sont dans les siécles polis & chez les Nations les mieux civilisées, ces prétendus Héros, pour qui les Combats n'ont que des charmes, qui font la guerre par goût, & non-point par amour pour la Patrie.

§. 35.

§. 35. La Guerre défensive est juste, quand elle se fait contre un injuste aggresseur. Cela n'a pas besoin de preuve. La défense de soi-même contre une injuste violence, n'est pas seulement un droit, c'est un devoir pour une Nation, & l'un de ses devoirs les plus sacrés. Mais si l'Ennemi, qui fait une Guerre offensive, a la Justice de son côté, on n'est point en droit de lui opposer la force, & la défensive alors est injuste. Car cet Ennemi ne fait qu'user de son droit: Il a pris les armes, pour se procurer une justice qu'on lui refusoit; & c'est une injustice que de résister à celui qui use de son droit.

§. 36. La seule chose qui reste à faire en pareil cas, c'est d'offrir à celui qui attaque, une juste satisfaction. S'il ne veut pas s'en contenter, on a l'avantage d'avoir mis le bon droit de son côté; & l'on oppose désormais de justes armes à ses hostilités, devenuës injustes, parce qu'elles n'ont plus de fondement.

Les Samnites, poussés par l'ambition de leurs Chefs, avoient ravagé les terres des Alliés de Rome. Revenus de leur égarement, ils offrirent la réparation du dommage, & toute sorte de satisfaction raisonnable; mais leurs soumissions ne purent appaiser les Romains: Sur quoi Caius Pontius Général des Samnites, dit à son Peuple: Puisque les Romains veulent absolument la Guerre, elle devient juste pour nous par nécessité; les armes sont justes & saintes, pour ceux à qui on ne laisse d'autre res-

reſſource que les armes " : *Juſtum eſt bellum, quibus neceſſarium; & pia arma, quibus nulla niſi in armis relinquitur ſpes* (a).

§. 37. Pour juger de la juſtice d'une Guerre offenſive, il faut d'abord conſidérer la nature du ſujet qui fait prendre les armes. On doit être bien aſſûré de ſon droit, pour le faire valoir d'une manière ſi terrible. S'il eſt donc queſtion d'une choſe évidemment juſte, comme de recouvrer ſon bien, de faire valoir un droit certain & inconteſtable, d'obtenir une juſte ſatisfaction pour une injure manifeſte ; & ſi on ne peut obtenir juſtice autrement que par la force des armes; la Guerre offenſive eſt permiſe. Deux choſes ſont donc néceſſaires pour la rendre juſte: 1. Un droit à faire valoir; c'eſt-à-dire, que l'on ſoit fondé à exiger quelque choſe d'une Nation. 2. Que l'on ne puiſſe l'obtenir autrement que par les armes. La néceſſité ſeule autoriſe à uſer de force. C'eſt un moyen dangereux & funeſte. La Nature, Mère commune des hommes, ne le permet qu'à l'extrémité, & au défaut de tout autre. C'eſt faire injure à une Nation, que d'employer contre elle la violence, avant que de ſavoir ſi elle eſt diſpoſée à rendre juſtice, ou à la refuſer. Ceux qui, ſans tenter les voies pacifiques, courrent aux armes pour le moindre ſujet, montrent aſſez, que les raiſons juſtificatives ne ſont, dans leur bouche, que des prétextes: Ils ſaiſiſſent avidement l'occaſion

de

(a) Tit. Liv. Lib. IX. *init.*

de se livrer à leurs passions, de servir leur Ambition, sous quelque couleur de droit.

§. 38. Dans une Cause douteuse, là où il s'agit de droits incertains, obscurs, litigieux, tout ce que l'on peut exiger raisonnablement, c'est que la question soit discutée; & s'il n'est pas possible de la mettre en évidence, que le différend soit terminé par une transaction équitable. Si donc l'une des Parties se refuse à ces moyens d'accommodement, l'autre sera en droit de prendre les armes, pour la forcer à une transaction. Et il faut bien remarquer, que la Guerre ne décide pas la question; la Victoire contraint seulement le vaincu à donner les mains au Traité qui termine le différend. C'est une erreur non moins absurde que funeste, de dire que la Guerre doit décider les Controverses entre ceux qui, comme les Nations, ne reconnoissent point de Juge. La Victoire suit d'ordinaire la force & la prudence, plûtôt que le bon droit. Ce seroit une mauvaise règle de décision. Mais c'est un moyen efficace, pour contraindre celui qui se refuse aux voies de justice; & il devient juste dans les mains du Prince, qui l'employe à propos & pour un sujet légitime.

§. 39. La Guerre ne peut être juste des deux côtés. L'un s'attribuë un droit, l'autre le lui conteste; l'un se plaint d'une injure, l'autre nie de l'avoir faite. Ce sont deux personnes qui disputent sur la vérité d'une proposition: Il est

* V. m. D. d. G. L. I, §. 33 f.

est impossible que les deux sentiments contraires soient vrais en même-tems.

§. 40. Cependant il peut arriver que les contendans soient l'un & l'autre dans la bonne-foi: Et dans une Cause douteuse, il est encore incertain de quel côté se trouve le Droit. Puis donc que les Nations sont égales & indépendantes, & ne peuvent s'ériger en juges les unes des autres; il s'ensuit que dans toute Cause susceptible de doute, les armes des deux parties qui se font la Guerre doivent passer également pour légitimes, au moins quant aux effets extérieurs, & jusqu'à-ce que la Cause soit décidée. Cela n'empêche point que les autres Nations n'en puissent porter leur jugement pour elles-mêmes, pour savoir ce qu'elles ont à faire, & assister celle qui leur paroîtra fondée. Cet effet de l'indépendance des Nations n'empêche point non-plus, que l'Auteur d'une Guerre injuste ne soit très-coupable. Mais s'il agit par les suites d'une ignorance, ou d'une erreur invincible, l'injustice de ses armes ne peut lui être imputée.

§. 41. Quand la Guerre offensive a pour objet de punir une Nation, elle doit être fondée, comme toute autre Guerre, sur le Droit & la nécessité. 1mo. Sur le droit: Il faut que l'on ait véritablement reçu une injure; l'injure seule étant une juste cause de la Guerre: (§. 26.) On est en droit d'en poursuivre la réparation; ou si elle est irréparable de sa nature, ce qui est le cas de punir, on est autorisé à pourvoir à sa propre sûreté,

Partie I. C

sûreté, & même à celle de toutes les Nations, en infligeant à l'offenseur une peine capable de le corriger & de servir d'exemple. 2do. La nécessité doit justifier une pareille Guerre; c'est-à-dire, que pour être légitime, il faut qu'elle se trouve l'unique moyen d'obtenir une juste satisfaction, laquelle emporte une sûreté raisonnable pour l'avenir. Si cette satisfaction complette est offerte, ou si on peut l'obtenir sans Guerre; l'injure est effacée, & le droit de sûreté n'autorise plus à en poursuivre la vengeance. *

La Nation coupable doit se soumettre à une peine qu'elle a méritée, & la souffrir en forme de satisfaction. Mais elle n'est pas obligé de se livrer à la discrétion d'un Ennemi irrité. Lors donc qu'elle se voit attaquée, elle doit offrir satisfaction, demander ce qu'on exige d'elle en forme de peine; & si on ne veut pas s'expliquer, ou si on prétend lui imposer une peine trop dure, elle est en droit de résister; sa défense devient légitime.

Au reste, il est manifeste que l'offensé seul a droit de punir des personnes indépendantes. Nous ne répéterons point ici ce que nous avons dit ailleurs de l'erreur dangereuse, ou de l'extravagant prétexte de ceux qui s'arrogent le droit de châtier une Nation indépendante, pour des fautes, qui ne les intéressent point; qui s'érigeant follement en Défenseurs de la Cause de Dieu,

* Voyez le Droit des Gens L. I. §. 45.

Dieu, se chargent de punir la dépravation des mœurs, ou l'irréligion d'un peuple, qui n'est pas commis à leurs soins.

§. 42. Il se présente ici une Question célébre & de la plus grande importance. On demande, si l'accroissement d'une Puissance voisine, par laquelle on craint d'être un jour opprimé, est une raison suffisante de lui faire la Guerre; si l'on peut avec justice, prendre les armes, pour s'opposer à son aggrandissement, ou pour l'affoiblir, dans la seule vuë de se garentir des dangers, dont une Puissance démésurée menace presque toûjours les foibles? La question n'est pas un problême, pour la plûpart des Politiques: Elle est plus embarassante pour ceux qui veulent allier constamment la Justice à la Prudence.

D'un côté, l'Etat qui accroît sa puissance par tous les ressorts d'un bon Gouvernement, ne fait rien que de loüable; il remplit ses devoirs envers soi-même, & ne blesse point ceux qui le lient envers autrui. Le Souverain qui, par héritage, par une Election libre, ou par quelque autre voie juste & honnête, unit à ses Etats de nouvelles Provinces, des Royaumes entiers, use de ses droits, & ne fait tort à personne. Comment seroit-il donc permis d'attaquer une Puissance, qui s'aggrandit par des moyens légitimes? Il faut avoir reçû une injure, ou en être visiblement menacé, pour être autorisé à prendre les armes, pour avoir un juste sujet de Guerre. D'un autre côté, une funeste & constante expérience

rience ne montre que trop, que les Puissances prédominantes ne manquent guères de molester leurs voisins, de les opprimer, de les subjuguer même entiérement, dès qu'elles en trouvent l'occasion, & qu'elles peuvent le faire impunément. L'Europe se vit sur le point de tomber dans les fers, pour ne s'être pas opposée de bonne heure à la fortune de CHARLES-QUINT. Faudra-t-il attendre le danger, laisser grossir l'orage, qu'on pourroit dissiper dans ses commencemens ; souffrir l'aggrandissement d'un Voisin, & attendre paisiblement qu'il se dispose à nous donner des fers ? Sera-t-il tems de se défendre, quand on n'en aura plus les moyens ? La Prudence est un devoir pour tous les hommes ; & très-particulièrement pour les Conducteurs des Nations, chargés de veiller au salut de tout un peuple. Essayons de résoudre cette grande question, conformément aux principes sacrés du Droit de la Nature & des Gens. On verra qu'ils ne mènent point à d'imbécilles scrupules, & qu'il est toûjours vrai de dire, que la Justice est inséparable de la saine Politique.

§. 43. Et d'abord, observons que la prudence (qui est sansdoute une vertu bien nécessaire aux Souverains) ne peut jamais conseiller l'usage des moyens illégitimes, pour une fin juste & loüable. Qu'on n'oppose point ici le salut du peuple, Loi suprême de l'Etat; car ce salut même du peuple, le salut commun des Nations, proscrit l'usage des moyens contraires à la Justice

& à

& à l'honnêteté. Pourquoi certains moyens sont-ils illégitimes ? Si l'on y regarde de près, si l'on remonte jusqu'aux prémiers principes, on verra que c'est précisément parceque leur introduction seroit pernicieuse à la Société humaine, funeste à toutes les Nations. Voyez en particulier ce qui a été dit en traitant de l'observation de la Justice. * C'est donc pour l'intérêt & le salut même des Nations, que l'on doit tenir comme une Maxime sacrée, que la fin ne légitime pas les moyens. Et puisque la Guerre n'est permise que pour venger une injure reçuë, ou pour se garentir de celle dont on est menacé (§. 26.) ; c'est une Loi sacrée du Droit des Gens, que l'accroissement de puissance ne peut seul & par lui-même donner à qui que ce soit le droit de prendre les armes, pour s'y opposer.

§. 44. On n'a point reçu d'injure de cette Puissance; la Question le suppose : Il faudroit donc être fondé à s'en croire menacé, pour courrir légitimement aux armes. Or la puissance seule ne menace pas d'injure; il faut que la volonté y soit jointe. Il est malheureux pour le Genre-humain, que l'on puisse presque toûjours supposer la volonté d'opprimer, là où se trouve le pouvoir d'opprimer impunément. Mais ces deux choses ne sont pas nécessairement inséparables: Et tout le droit que donne leur union ordinaire, ou fréquente, c'est de pren-

dre

* V. le D. d. G. L. II. Chap. V.

dre les premières apparences pour un indice suffisant. Dès qu'un Etat a donné des marques d'injustice, d'avidité, d'orgueil, d'ambition, d'un désir impérieux de faire la loi ; c'est un Voisin suspect, dont on doit se garder : On peut le prendre au moment où il est sur le point de recevoir un accroissement formidable de puissance, lui demander des sûretés ; & s'il hésite à les donner, prévenir ses desseins par la force des armes. Les intérêts des Nations sont d'une toute autre importance, que ceux des particuliers ; le Souverain ne peut y veiller mollement, ou sacrifier ses défiances, par grandeur d'ame & par générosité. Il y va de tout pour une Nation, qui a un Voisin également puissant & ambitieux. Puisque les hommes sont réduits à se gouverner le plus souvent sur les probabilités ; ces probabilités méritent leur attention, à proportion de l'importance du sujet ; & pour me servir d'une expression de Géometrie, on est fondé à aller au-devant d'un danger, en raison composée du dégré d'apparence & de la grandeur du mal dont on est menacé. S'il est question d'un mal supportable, d'une perte légère, il ne faut rien précipiter ; il n'y a pas un grand péril, à attendre, pour s'en garder, la certitude qu'on en est menacé. Mais s'agit-il du salut de l'Etat ? La prévoyance ne peut s'étendre trop loin. Attendra-t-on, pour détourner sa ruine, qu'elle soit devenuë inévitable ? Si l'on en croit si aisément les apparences, c'est la faute de ce Voisin,

qui

qui a laissé échapper divers indices de son Ambition. Que Charles II. Roi d'Espagne, au lieu d'appeller à sa Succession le Duc d'Anjou, eût nommé pour son Héritier Louis XIV. lui même; souffrir tranquillement l'union de la Monarchie d'Espagne à celle de France, c'eût été, suivant toutes les règles de la prévoyance humaine, livrer l'Europe entière à la servitude, ou la mettre au moins dans l'état le plus critique. Mais quoi! si deux Nations indépendantes jugent à propos de s'unir, pour ne former désormais qu'un même Empire, ne sont-elles pas en droit de le faire? Qui sera fondé à s'y opposer? Je répons, qu'elles sont en droit de s'unir, pourvû que ce ne soit point dans des vuës préjudiciables aux autres. Or si chacune de ces deux Nations est en état de se gouverner & de se soutenir par elle-même, de se garentir d'insulte & d'oppression; on présume avec raison qu'elles ne s'unissent en un même Etat, que dans la vuë de dominer sur leurs voisins. Et dans les occasions où il est impossible, ou trop dangereux d'attendre une entière certitude, on peut justement agir sur une présomption raisonnable. Si un inconnu me couche en jouë au milieu d'un bois, je ne suis pas encore certain qu'il veuille me tuer; lui laisserai-je le tems de tirer, pour m'assûrer de son dessein? Est-il un Casuiste raisonnable qui me refuse le droit de le prévenir? Mais la présomption devient presque équivalente à une certitude, si le Prince qui va

s'élever

s'élever à une puissance énorme, a déja donné des preuves de hauteur & d'une ambition sans bornes. Dans la supposition que nous venons de faire, qui eût osé conseiller aux Puissances de l'Europe de laisser prendre à Louis XIV. un accroissement de forces si redoutable ? Trop prévenues de l'usage qu'il en auroit fait, elles s'y seroient opposées de concert ; & leur sûreté les y autorisoit. Dire qu'elles devoient lui laisser le tems d'affermir sa domination sur l'Espagne, de consolider l'union des deux Monarchies, & & dans la crainte de lui faire injustice, attendre tranquillement qu'il les accablât ; ne seroit-ce pas interdire aux hommes le droit de se gouverner suivant les règles de la prudence, de suivre la probabilité, & leur ôter la liberté de pourvoir à leur salut, tant qu'elles n'auront pas une démonstration Mathématique qu'il est en danger ? On prêcheroit vainement une pareille doctrine. Les principaux Souverains de l'Europe, que le Ministère de Louvois avoit accoûtumés à redouter les forces & les vuës de Louis XIV. portèrent la défiance jusqu'à ne pas vouloir souffrir qu'un Prince de la Maison de France s'afsît sur le Trône d'Espagne, quoiqu'il y fût appellé par la Nation, qui approuvoit le Testament de son dernier Roi. Il y monta malgré les efforts de ceux qui craignoient tant son élévation ; & les suites ont fait voir que leur Politique étoit trop ombrageuse.

§. 45.

§. 45. Il est plus aisé encore de prouver, que si cette Puissance formidable laisse percer des dispositions injustes & ambitieuses, par la moindre injustice qu'elle fera à une autre, toutes les Nations peuvent profiter de l'occasion, & en se joignant à l'offensé, réunir leurs forces, pour réduire l'Ambitieux, & pour le mettre hors d'etat d'opprimer si facilement ses voisins, ou de les faire trembler continuellement devant lui. Car l'injure donne le Droit de pourvoir à sa sûreté pour l'avenir, en ôtant à l'injuste les moyens de nuire; & il est permis, il est même louable, d'assister ceux qui sont opprimés, ou injustement attaqués. Voilà dequoi mettre les Politiques à l'aise, & leur ôter tout sujet de craindre, que se piquer ici d'une exacte justice, ce ne fût courrir à l'esclavage. Il est peut-être sans exemple, qu'un Etat reçoive quelque notable accroissement de puissance, sans donner à d'autres de justes sujets de plainte. Que toutes les Nations soient attentives à le réprimer; & elles n'auront rien à craindre de sa part. L'Empereur CHARLES-QUINT saisit le prétexte de la Religion, pour opprimer les Princes de l'Empire & les soumettre à son autorité absolue. Si, profitant de sa Victoire sur l'Electeur de Saxe, il fût venu à bout de ce grand dessein, la Liberté de l'Europe étoit en danger. C'étoit donc avec raison que la France assistoit les Protestans d'Allemagne; la Justice le lui permettoit, & elle y étoit appellée par le soin de son propre salut.

falut. Lorſque le même Prince s'empara du Duché de Milan, les Souverains de l'Europe devoient aider la France à le lui diſputer, & profiter de l'occaſion, pour réduire ſa puiſſance à de juſtes bornes. S'ils ſe fuſſent habilement prévalus des juſtes ſujets qu'il ne tarda pas à leur donner de ſe liguer contre lui, ils n'auroient pas tremblé dans la ſuite pour leur Liberté.

§. 46. Mais ſuppoſé que cet Etat puiſſant, par une conduite également juſte & circonſpecte, ne donne aucune priſe ſur lui ; verra-t-on ſes progrès d'un œil indifférent ; & tranquilles ſpectateurs des rapides accroiſſemens de ſes forces, ſe livrera-t-on imprudemment aux deſſeins qu'elles pourront lui inſpirer ? Non ſans-doute. L'imprudente nonchalance ne ſeroit pas pardonnable, dans une matière de ſi grande importance. L'exemple des Romains eſt une bonne leçon à tous les Souverains. Si les plus puiſſans de ces tems-là ſe fuſſent concertés pour veiller ſur les entrepriſes de Rome, pour mettre des bornes à ſes progrès ; ils ne ſeroient pas tombés ſucceſſivement dans la ſervitude. Mais la force des armes n'eſt pas le ſeul moyen de ſe mettre en garde contre une Puiſſance formidable; il en eſt de plus doux, & qui ſont toûjours légitimes. Le plus efficace eſt la Confédération des autres Souverains moins puiſſans, leſquels, par la réunion de leurs forces, ſe mettent en état de balancer la Puiſſance qui leur fait ombrage. Qu'ils ſoient fidéles & fermes dans leur Alliance; leur union fera la ſûreté d'un chacun. Il

Il leur est permis encore de se favoriser mutuellement, à l'exclusion de celui qu'ils redoutent ; & par les avantages de toute espèce, mais sur-tout dans le Commerce (qu'ils feront réciproquement aux sujets des Alliés, & qu'ils refuseront à ceux de cette dangereuse Puissance) ils augmenteront leurs forces, en diminuant les siennes, sans qu'elle ait sujet de se plaindre ; puisque chacun dispose librement de ses faveurs.

§. 47. L'Europe fait un systême Politique, un Corps, où tout est lié par les relations & les divers intérêts des Nations, qui habitent cette partie du Monde. Ce n'est plus, comme autrefois, un amas confus de pièces isolées, dont chacune se croyoit peu intéressée au sort des autres, & se mettoit rarement en peine de ce qui ne la touchoit pas immédiatement. L'attention continuelle des Souverains à tout ce qui se passe, les Ministres toûjours résidens, les Négociations perpétuelles, font de l'Europe moderne une espèce de République, dont les Membres indépendans, mais liés par l'intérêt commun, se réunissent pour y maintenir l'ordre & la Liberté. C'est ce qui a donné naissance à cette fameuse idée de la Balance Politique, ou de l'Equilibre du Pouvoir. On entend par là, une disposition des choses, au moyen de laquelle aucune Puissance ne se trouve en état de prédominer absolument, & de faire la loi aux autres.

§. 48. Le plus sûr moyen de conserver cet Equilibre seroit, de faire qu'aucune Puissance

ne

ne surpassât de beaucoup les autres, que toutes, ou au moins la meilleure partie, fussent à-peu-près égales en forces. On a attribué cette vuë à Henri IV. Mais elle n'eût pû se réaliser sans injustice & sans violence. Et puis, cette égalité une fois établie, comment la maintenir toûjours par des moyens légitimes? Le Commerce, l'industrie, les Vertus Militaires, le feront bientôt disparoître. Le droit d'héritage, même en faveur des femmes & de leurs descendans, établi avec autorité pléniére pour les Souverainetés, mais établi enfin, bouleversera votre système.

Il est plus simple, plus aisé & plus juste, de recourrir au moyen dont nous venons de parler, de former des Confédérations, pour faire tête au plus puissant & l'empêcher de donner la Loi. C'est ce que font aujourd'hui les Souverains de l'Europe. Ils considérent les deux principales Puissances, qui, par-là même, sont naturellement rivales, comme destinées à se contenir réciproquement, & ils se joignent à la plus foible, comme autant de poids, que l'on jette dans le bassin le moins chargé, pour le tenir en équilibre avec l'autre. La Maison d'Autriche a long-tems été la Puissance prévalente : C'est aujourd'hui le tour de la France. L'Angleterre, dont les richesses & les Flottes respectables ont une très-grande influence, allarmoit aucun Etat pour sa Liberté, parcequ'on croyoit cette Puissance guérie de l'esprit de Conquête, & qu'elle

elle se contentoit de tenir en ses mains la Balance Politique, uniquement attentive à la conserver en équilibre : Politique très-sage & très-juste en elle-même, & qui seroit à jamais louable, si elle se contentoit de ne s'aider que d'Alliances, de Confédérations, ou d'autres moyens également légitimes, pour affermir le Paix.

§. 49. Les Confédérations seroient un moyen sûr de conserver l'Equilibre, & de maintenir ainsi la Liberté des Nations, si tous les Souverains étoient constamment éclairés sur leurs véritables intérêts, & s'ils mesuroient toutes leurs démarches sur le bien de l'Etat. Mais les grandes Puissances ne réussissent que trop à se faire des partisans & des Alliés, aveuglément livrés à leurs vuës. Eblouis par l'éclat d'un avantage présent, séduits par leur avarice, trompés par des Ministres infidèles, combien de Princes se font les instruments d'une Puissance, qui les engloutira quelque jour, eux ou leurs Successeurs ? Le plus sûr est donc d'affoiblir celui qui rompt l'équilibre, aussi-tôt qu'on en trouve l'occasion favorable, & qu'on peut le faire avec justice; (§. 45.) ou d'empêcher par toute sorte de moyens honnêtes, qu'il ne s'élève à un dégré de puissance trop formidable. Pour cet effet, toutes les Nations doivent être sur-tout attentives à ne point souffrir qu'il s'aggrandisse par la voie des armes: Et elles peuvent toûjours le faire avec justice. Car si ce Prince fait une Guerre injuste; chacun est en droit de sécourir

l'oppril'opprimé. Que s'il fait une Guerre juste ; les Nations neutres peuvent s'entremettre de l'accommodement, engager le foible à offrir une juste satisfaction, des conditions raisonnables, & ne point permettre qu'il soit subjugué. Dès que l'on offre des Conditions équitables à celui qui fait la Guerre la plus juste, il a tout ce qu'il peut prétendre. La justice de sa Cause, comme nous le verrons plus bas, ne lui donne jamais le droit de subjuguer son ennemi, si ce n'est quand cette extrémité devient nécessaire à sa sûreté, ou quand il n'a pas d'autre moyen de s'indemniser du tort qui lui a été fait. Or ce n'est point ici le cas ; les Nations intervenantes pouvant lui faire trouver d'une autre manière, & sa sûreté, & un juste dédommagement.

Enfin il n'est pas douteux, que si cette Puissance formidable médite certainement des desseins d'oppression & de conquête, si elle trahit ses vûes par ses préparatifs, ou par d'autres démarches ; les autres sont en droit de la prévenir ; & si le sort des armes leur est favorable, de profiter d'une heureuse occasion, pour affoiblir & réduire une Puissance trop contraire à l'équilibre, & redoutable à la Liberté commune.

Ce droit des Nations est plus évident encore contre un Souverain, qui, toûjours prêt à courir aux armes, sans raison & sans fondement réel, trouble continuellement la tranquillité publique.

Ceci

Ceci nous conduit à une Question particulière, qui a beaucoup de rapport à la précédente. Quand un Voisin, au milieu d'une paix profonde, construit des Forteresses sur notre frontière, équippe une Flotte, augmente ses Troupes, assemble une Armée puissante, remplit ses Magasins; en un mot, quand il fait des préparatifs de Guerre: nous est-il permis de l'attaquer, pour prévenir le danger, dont nous nous croyons menacés? La réponse dépend beaucoup des mœurs, du caractère de ce Voisin. Il faut le faire expliquer, lui demander la raison de ces préparatifs. C'est ainsi qu'on en use en Europe. Et si sa foi est justement suspecte, on peut lui demander des sûretés. Le refus seroit un indice suffisant de mauvais desseins, & une juste raison de les prévenir. Mais si ce Souverain n'a jamais donné des marques d'une lâche perfidie, & sur-tout si nous n'avons actuellement aucun démêlé avec lui; pourquoi ne demeurerions-nous pas tranquilles sur sa parole, en prenant seulement les précautions, que la prudence rend indispensables? Nous ne devons point, sans sujet, le présumer capable de se couvrir d'infamie en ajoutant la perfidie à la violence. Tant qu'il n'a pas rendu sa foi suspecte, nous ne sommes point en droit d'exiger de lui d'autre sûreté.

Cependant il est vrai, que si un Souverain demeure puissamment armé en pleine paix, ses Voisins ne peuvent s'endormir entièrement sur sa parole : La prudence les oblige à se tenir sur leurs gardes. Et quand ils seroient absolument certains de la bonne-foi de ce Prince ; il peut survenir des différends, qu'on ne prévoit pas : Lui laisseront-ils l'avantage d'avoir alors des Troupes nombreuses & bien disciplinées, auxquelles ils n'auront à opposer que de nouvelles levées ? Non sans-doute; ce seroit se livrer presque à sa discrétion. Les voilà donc contraints de l'imiter, d'entretenir comme lui une grande Armée. Et quelle charge pour un Etat ! Autrefois, & sans remonter plus haut que le siécle dernier, on ne manquoit guères de stipuler dans les Traités de paix, que l'on désarmeroit de part & d'autre, qu'on licencieroit les Troupes. Si en pleine paix, un Prince vouloit en entretenir un grand nombre sur pied, ses voisins prenoient leurs mesures, formoient des Ligues contre lui ; & l'obligeoient à désarmer. Pourquoi cette Coûtume salutaire ne s'est-elle pas conservée? Ces Armées nombreuses, entretenuës en tout tems, privent la terre de ses Cultivateurs, arrêtent la population, & ne peuvent servir qu'à opprimer la Liberté du peuple qui les nourrit. Heureuse l'Angleterre! Sa situation la dispense d'entretenir à grands frais les instruments du Despotisme. Heureux les Suisses ! Si continuant à exercer soigneusement leurs Milices, ils se maintiennent en état de repousser les Ennemis du dehors, sans nourrir dans l'oisiveté, des soldats, qui pourroient un jour opprimer

la

la Liberté du peuple, & menacer même l'Autorité légitime du Souverain. Les Légions Romaines en fourniſſent un grand exemple. Cette heureuſe méthode d'une République libre, l'uſage de former tous les Citoyens au métier de la Guerre, rend l'Etat reſpectable au dehors, ſans le charger d'un vice intérieur. Elle eût été par-tout imitée, ſi par-tout on ſe fût propoſé pour unique vuë le Bien public. En voilà aſſez ſur les principes généraux, par lesquels on peut juger de la juſtice d'une Guerre. Ceux qui poſſéderont bien les Principes, & qui auront de juſtes idées des divers droits des Nations, appliqueront aiſément les Règles aux cas particuliers.

CHAPITRE IV.
De la Déclaration de Guerre, & de la Guerre en forme.

§. 51.

Le droit de faire la Guerre n'appartient aux Nations que comme un reméde contre l'injuſtice: C'eſt le fruit d'une malheureuſe néceſſité. Ce remède eſt ſi terrible dans ſes effets, ſi funeſte à l'humanité, ſi fâcheux même à celui qui l'employe, que la Loi Naturelle ne le permet ſansdoute qu'à la dernière extrémité; c'eſt-à-dire, lorsque tout autre eſt inefficace pour le soutien de la justice. Il est démontré dans le Chapitre précédent, que pour être autorisé à prendre les armes, il faut, 1mo. que nous ayons un juste sujet de plainte. 2do. Que l'on nous ait refusé une satisfaction raisonnable. 3tio. Enfin nous avons observé, que le Conducteur de la Nation doit mûrement considérer s'il est du bien de l'Etat de poursuivre son droit par la force des armes. Ce n'est point assez. Comme il est possible, que la crainte présente de nos armes, fasse impression sur l'esprit de notre Adversaire, & l'oblige à nous rendre justice; nous devons encore ce ménagement à l'humanité, & sur tout au sang & au repos des sujets, de déclarer à cette Nation injuste, ou à son Conducteur, que nous allons enfin recourrir au dernier remède, & employer la force ouverte, pour le mettre à la raison. C'est ce qu'on appelle *déclarer la Guerre*. Tout cela est compris dans la manière de procéder des Romains, réglée dans leur *Droit Fécial*. Ils envoyoient premièrement le Chef des *Féciaux*, ou Hérauts-d'Armes, appellé *Pater-Patratus*, demander satisfaction au peuple qui les avoit offensés; & si, dans l'espace de trente-trois jours, ce peuple ne faisoit pas une réponse satisfaisante, le Héraut prenoit les Dieux à témoins de l'injustice, & s'en retournoit, en disant, que les Romains verroient ce qu'ils auroient à faire. Le Roi, & dans la suite le Consul, demandoit l'avis du Sénat; & la Guerre résoluë, on renvoyoit le Héraut

Héraut la déclarer fur la frontière (*a*). On eſt étonné de trouver chez les Romains, une conduite ſi juſte, ſi modérée & ſi ſage, dans un tems, où il ſemble qu'on ne devoit attendre d'eux que de la valeur & de la férocité. Un Peuple qui traitoit la Guerre ſi religieuſement, jettoit des fondemens bien ſolides de ſa future grandeur.

§. 52. La Déclaration de Guerre étant néceſſaire, pour tenter encore de terminer le différend ſans effuſion de ſang, en employant la crainte, pour faire revenir à l'Ennemi des ſentimens plus juſtes : en même-tems qu'elle dénonce la réſolution que l'on a priſe, de faire la Guerre, elle doit expoſer le ſujet, pour lequel on prend les armes. C'eſt ce qui s'eſt pratiqué conſtamment entre les Puiſſances de l'Europe.

§. 53. Lorſqu'on a demandé inutilement juſtice, on peut en venir à la Déclaration de Guerre, qui eſt alors *pure & ſimple*. Mais ſi on le juge à propos, pour n'en pas faire à deux fois, on peut joindre à la demande du droit, que les Romains appelloient *rerum repetitio*, une Déclaration de Guerre *conditionnelle*, en déclarant, que l'on va commencer la Guerre, ſi l'on n'obtient pas inceſſamment ſatisfaction ſur tel ſujet. Et alors, il n'eſt pas néceſſaire de déclarer encore la Guerre purement & ſimplement ; la Déclaration conditionnelle ſuffit,

(*a*) Tit. Liv. Lib. I. Cap. XXXII.

si l'Ennemi ne donne pas satisfaction sans délai.

§. 54. Si l'Ennemi, sur l'une & l'autre Déclaration de Guerre, offre des Conditions de paix équitables, on doit s'abstenir de la Guerre. Car aussi-tôt que l'on vous rend justice, vous perdez tout droit d'employer la force ; l'usage ne vous en étant permis que pour le soutien nécessaire de vos droits. Bien entendu que les offres doivent être accompagnées de sûreté ; car on n'est point obligé de se laisser amuser par de vaines propositions. La foi d'un Souverain est une sûreté suffisante ; tant qu'il ne s'est pas fait connoître pour un perfide, & on doit s'en contenter. Pour ce qui est des Conditions en elles-mêmes ; outre le sujet principal, on est encore fondé à demander le remboursement des dépenses, que l'on a faites en préparatifs.

§. 55. Il faut que la Déclaration de Guerre soit connuë de celui à qui elle s'addresse. C'est tout ce qu'exige le Droit des Gens naturel. Cependant, si la Coûtume y a introduit quelques formalités, les Nations, qui, en adoptant la Coûtume, ont donné à ces formalités un consentement tacite, sont obligées de les observer, tant qu'elles n'y ont pas renoncé publiquement. Autrefois les Puissances de l'Europe envoyoient des Hérauts, ou des Ambassadeurs, pour déclarer la Guerre : Aujourd'hui on se contente de la faire publier dans la Capitale, dans les principales Villes, ou sur la frontière ; on répand

des

PREMIERE PARTIE. CHAPITRE IV. 53

des Manifestes; & la communication, devenuë si prompte & si facile depuis l'établissement des Postes, en porte bien-tôt la nouvelle de tous côtés.

§. 56. Outre les raisons que nous avons allégués, il est nécessaire de publier la Déclaration de Guerre, pour l'instruction & la direction de ses propres sujets, pour fixer l'époque des droits, qui leur appartiennent dès le moment de cette Déclaration, & rélativement à certains effets, que le Droit des Gens volontaire attribuë à la Guerre en forme. Sans cette Déclaration publique de la Guerre, il seroit trop difficile de convenir, dans le Traité de Paix, des actes qui doivent passer pour des effets de la Guerre, & de ceux que chaque Nation peut mettre en griefs, pour en demander la réparation. Dans le dernier Traité d'Aix-la-Chapelle, entre la France & l'Espagne d'un côté, & l'Angleterre de l'autre, on convint, que toutes les prises faites de part & d'autre avant la Déclaration de Guerre, seroient restituées.

§. 57. Celui qui est attaqué & qui ne fait qu'une Guerre défensive, n'a pas besoin de déclarer la Guerre; la Déclaration de l'Ennemi, ou ses hostilités ouvertes, étant suffisantes, pour constater l'état de Guerre. Cependant le Souverain attaqué ne manque guères aujourd'hui de déclarer aussi la Guerre; soit par dignité, soit pour la direction de ses sujets.

§. 58. Si la Nation à qui on a résolu de faire la Guerre, ne veut admettre ni Ministre, ni Héraut pour la lui déclarer ; on peut, quelle que soit d'ailleurs la Coûtume, se contenter de la publier dans ses propres Etats, ou sur la frontière ; & si la Déclaration ne parvient pas à sa connoissance avant le commencement des hostilités, cette Nation ne peut en accuser qu'elle-même. Les Turcs mettent en prison & maltraitent les Ambassadeurs mêmes des Puissances, avec lesquelles ils ont résolu de rompre : Il seroit périlleux à un Héraut d'aller chez eux leur déclarer la Guerre. On est dispensé de le leur envoyer, par leur propre férocité.

§. 59. Mais personne n'étant dispensé de son devoir, par cela seul qu'un autre n'a pas rempli le sien ; nous ne pouvons nous dispenser de déclarer la Guerre à une Nation avant que de commencer les hostilités, par la raison que, dans une autre occasion, elle nous a attaqués sans Déclaration de Guerre. Cette Nation a péché alors contre la Loi Naturelle ; (§. 51.) & sa faute ne nous autorise pas à en commettre une pareille.

§. 60. Le Droit des Gens n'impose point l'obligation de déclarer la Guerre, pour laisser à l'Ennemi le tems de se préparer à une injuste défensive. Il est donc permis de faire sa Déclaration seulement lorsque l'on est arrivé sur la frontière avec une Armée, & même après que l'on est entré dans les terres de l'Ennemi, & que
l'on

l'on y a occupé un poste avantageux ; toutefois avant que de commettre aucune hostilité. Car de cette manière, on pourvoit à sa propre sûreté, & on atteint également le but de la Déclaration de Guerre, qui est, de donner encore à un injuste adversaire le moyen de rentrer sérieusement en lui-même, & d'éviter les horreurs de la Guerre, en faisant justice. Le généreux HENRI IV. en usa de cette manière envers CHARLES-EMANUEL Duc de Savoye, qui avoit lassé sa patience, par des Négociations vaines & frauduleuses (*a*).

§. 61. Si celui qui entre ainsi dans le pays avec une Armée, gardant une exacte Discipline, déclare aux habitans, qu'il ne vient point en Ennemi, qu'il ne commettra aucune violence, & qu'il fera connoître au Souverain la cause de sa venuë; les habitans ne doivent point l'attaquer: & s'ils osent l'entreprendre, il est en droit de les châtier. Bien entendu qu'on ne lui permettra point l'entrée dans les Places fortes, & qu'il ne peut la demander. Les sujets ne doivent pas commencer les hostilités, sans ordre du Souverain. Mais s'ils sont braves & fidèles, ils occuperont, en attendant, les postes avantageux, & se défendront, en cas que l'on entreprenne de les y forcer.

§. 62. Après que ce Souverain, ainsi venu dans le pays, a déclaré la Guerre; si on ne lui offre pas sans délai des Conditions équitables,

D 4 il

(*a*) Voyez les Mémoires de SULLY.

il peut commencer les opérations. Car, encore un coup, rien ne l'oblige à se laisser amuser. Mais dans tout ce que nous venons de dire, il ne faut jamais perdre de vuë les principes établis ci-dessus (§§. 26. & 51.) touchant les seules causes légitimes de la Guerre. Se porter avec une Armée dans un pays voisin, de la part duquel on n'est point menacé, & sans avoir tenté d'obtenir, par la raison & la justice, une réparation équitable des griefs que l'on prétend avoir; ce seroit introduire une méthode funeste à l'humanité, & renverser les fondemens de la sûreté, de la tranquillité des Nations. Si cette manière de procéder n'est pas proscrite par l'indignation publique & le concert des Peuples civilisés, il faudra demeurer armé & se tenir sur ses gardes, aussi-bien en pleine paix, que dans une guerre déclarée.

§. 63. Le Souverain qui déclare la Guerre, ne peut retenir les sujets de l'Ennemi, qui se trouvent dans ses Etats au moment de la Déclaration, non plus que leurs effets. Ils sont venus chez-lui sur la foi publique: En leur permettant d'entrer dans ses terres & d'y sejourner, il leur a promis tacitement toute liberté, & toute sûreté pour le retour. Il doit donc leur marquer un tems convenable, pour se retirer avec leurs effets; & s'ils restent au-delà du terme prescrit, il est en droit de les traiter en ennemis; toutefois en ennemis désarmés. Mais s'ils sont retenus par un empêchement insurmontable, par une maladie,

ladie, il faut néceſſairement, & par les mêmes raiſons, leur accorder un juſte délai. Loin de manquer à ce devoir aujourd'hui, on donne plus encore à l'humanité, & très-ſouvent on accorde aux étrangenrs, ſujets de l'Etat auquel on déclare la Guerre, tout le tems de mettre ordre à leurs affaires. Cela ſe pratique ſur-tout envers les Négocians; & l'on a ſoin auſſi d'y pourvoir, dans les Traités de Commerce. Le Roi d'Angleterre a fait plus que cela : Dans ſa dernière Déclaration de Guerre contre la France, il ordonne, que tous les François qui ſe trouvent dans ſes Etats, pourront y demeurer, avec une entière ſûreté pour leur perſonne & leurs effets, *pourvû qu'ils s'y comportent comme ils le doivent.*

§. 64. Nous avons dit, (§. 56.) que le Souverain doit publier la Guerre dans ſes Etats, pour l'inſtruction & la direction de ſes ſujets. Il doit auſſi aviſer de ſa Déclaration de Guerre les Puiſſances neutres, pour les informer des raiſons juſtificatives qui l'autoriſent, du ſujet qui l'oblige à prendre les armes, & pour leur notifier que tel ou tel peuple eſt ſon ennemi, afin qu'elles puiſſent ſe diriger en conſéquence. Nous verrons même que cela eſt néceſſaire pour éviter toute difficulté, quand nous traiterons du droit de ſaiſir certaines choſes que des perſonnes neutres conduiſent à l'Ennemi, de ce qu'on appelle *Contrebande*, en tems de Guerre. On pourroit appeller *Déclaration* cette publication de la Guerre, & *Dénonciation* celle qui ſe notifie directement à l'Ennemi, comme en effet elle s'appelle en Latin *Denunciatio belli.*

On publie aujourd'hui & l'on déclare la Guerre par des *Manifestes.* Ces Piéces ne manquent point de contenir les raisons justificatives, bonnes ou mauvaises, sur lesquelles on se fonde, pour prendre les armes. Le moins scrupuleux voudroit passer pour juste, équitable, amateur de la paix: Il sent qu'une réputation contraire pourroit lui être nuisible. Le Manifeste qui porte Déclaration de Guerre, ou si l'on veut, la Déclaration même, publiée, imprimée & répanduë dans tout l'Etat, contient aussi les ordres généraux, que le Souverain donne à ses sujets à l'égard de la Guerre.

§. 65. Est-il nécessaire, dans un siécle si poli, d'observer que l'on doit s'abstenir dans ces Ecrits qui se publient au sujet de la Guerre, de toute expression injurieuse, qui manifeste des sentimens de haine, d'animosité, de fureur, & qui n'est propre qu'à en exciter de semblables dans le cœur de l'Ennemi? Un Prince doit garder la plus noble décence, dans ses discours & dans ses écrits : Il doit se respecter soi-même dans la personne de ses pareils: Et s'il a le malheur d'être en différend avec une Nation, ira t-il aigrir la querelle, par des expressions offensantes, & s'ôter jusqu'à l'espérance d'une réconciliation sincère? Les Héros d'HOMERE se traitent d'*Yvrogne* & de *Chien*; aussi se faisoient-ils la guerre à toute outrance. FREDERIC-BAR-
BE-

Berousse, d'autres Empereurs, & leurs ennemis, ne se ménageoient pas davantage. Félicitons-nous de nos mœurs plus douces, plus humaines, & ne traitons point de vaine politesse, des ménagemens, qui ont des suites bien réelles.

§. 66. Ces formalités, dont la nécessité se déduit des Principes, & de la nature même de la Guerre, caractérisent la *Guerre légitime & dans les formes* (justum bellum). GROTIUS (*a*) dit, qu'il faut deux choses pour qu'une Guerre, soit *solemnelle*, ou dans les formes, selon le Droit des Gens: La première, qu'elle se fasse de part & d'autre par autorité du Souverain: La seconde, qu'elle soit accompagnée de certaines formalités. Ces formalités consistent dans la demande d'une juste satisfaction (*rerum repetitio*,) & dans la Déclaration de Guerre ; au moins de la part de celui qui attaque : car la Guerre défensive n'a pas besoin d'une Déclaration, (§. 57.) ni même, dans les occasions pressantes, d'un ordre exprès du Souverain. En effet, ces deux conditions sont nécessaires à une Guerre légitime selon le Droit des Gens, c'est-à-dire, telle que les Nations ont droit de la faire. Le droit de faire la Guerre n'appartient qu'à un Souverain ; (§. 4.) & il n'est en droit de prendre les armes, que quand on lui refuse satisfaction, (§. 37.) & même après avoir déclaré la Guerre. (§. 51.)

On

(*a*) Droit de la Guerre & de la Paix, Liv. I. Chap. III. §. IV.

On appelle aussi la Guerre en forme, une Guerre *réglée*, parce qu'on y observe certaines régles, ou prescrites par la Loi Naturelle, ou adoptées par la Coûtume.

§. 67. Il faut soigneusement distinguer la Guerre légitime & dans les formes, de ces guerres informes & illégitimes, ou plûtôt de ces brigandages, qui se font, ou sans Autorité légitime, ou sans sujet apparent, comme sans formalités, & seulement pour piller. GROTIUS, Livre III. Chapitre III. rapporte beaucoup d'exemples de ces dernières. Telles étoient les guerres des *Grandes-Compagnies*, qui s'étoient formées en France, dans les Guerres des Anglois; Armées des brigands, qui courroient l'Europe pour la ravager : Telles étoient les Courses des *Flibustiers*, sans Commission & en tems de paix; & telles son en général les déprédations des Pirates. On doit mettre au même rang presque toutes les expéditions des Corsaires de *Barbarie*, quoiqu'autorisées par un Souverain; elles se font sans aucun sujet apparent, & n'ont pour cause que la soif du butin. Il faut, dis-je, bien distinguer ces deux sortes de Guerres, légitimes & illégitimes; parce qu'elles ont des effets & produisent des droits bien différens.

§. 68. Pour bien sentir le fondement de cette distinction, il est nécessaire de se rappeller la nature & le but de la Guerre légitime. La Loi Naturelle ne la permet que comme un remède contre l'injuſtice obſtinée. De là les droits qu'elle donne, comme nous l'expliquerons plus bas : De là encore les règles qu'il y faut obſerver. Et comme il eſt également poſſible que l'une ou l'autre des Parties ait le bon Droit de ſon côté, & que perſonne ne peut en décider, vû l'indépendance des Nations ; (§.40.) la condition des deux Ennemis eſt la même, tant que dure la Guerre. Ainſi, lorſqu'une Nation, ou un Souverain, a déclaré la Guerre à un autre Souverain, au ſujet d'un différend qui s'eſt élevé entre-eux, leur Guerre eſt ce que l'on appelle entre les Nations une Guerre légitime & dans les formes ; & comme nous le ferons voir plus en détail, (*a*) les effets en ſont les mêmes de part & d'autre, par le Droit des Gens volontaire, indépendamment de la juſtice de la Cauſe. Rien de tout cela, dans une Guerre informe & illégitime, appellée avec plus de raiſon un brigandage. Entrepriſe ſans aucun droit, ſans ſujet même apparent, elle ne peut produire aucun effet légitime, ni donner aucun droit à celui qui en eſt l'Auteur. La Nation attaquée par des ennemis de cette ſorte, n'eſt point obligée d'obſerver envers eux les règles preſcrites dans les Guerres en forme ; elle peut les traiter comme des brigands. La Ville de Genève échapée à la fameuſe *Eſcalade*, (*b*) fit pendre les priſonniers qu'el-

(*a*) Ci-deſſous Chap. XII.
(*b*) En l'année 1602.

qu'elle avoit faits fur les Savoyards, comme des voleurs, qui étoient venus l'attaquer fans fujet & fans Déclaration de Guerre. Elle ne fut point blâmée d'une action, qui feroit détestée dans une Guerre en forme.

CHAPI-

DE LA GUERRE, ET DE LA PAIX.

PREMIERE PARTIE.
CHAPITRE V.

De l'Ennemi, & des choses appartenantes à l'Ennemi.

§. 69.

L'Ennemi est celui avec qui on est en Guerre ouverte. Les Latins avoient un terme perticulier (*hostis*) pour désigner un Ennemi public, & ils le distinguoient d'un ennemi particulier (*inimicus*). Notre langue n'a qu'un même terme pour ces deux ordres de personnes, qui cependant doivent être soigneusement distinguées. L'ennemi particulier est une personne qui cherche notre mal, qui y prend plaisir : L'Ennemi public forme des prétentions contre nous, ou se refuse aux nôtres, & soutient ses droits, vrais ou prétendus, par la force des armes. Le prémier n'est jamais innocent;

il nourrit dans son cœur l'animosité & la haine. Il est possible que l'Ennemi public ne soit point animé de ces odieux sentimens, qu'il ne désire point notre mal, & qu'il cherche seulement à soutenir ses droits. Cette observation est nécessaire, pour règler les dispositions de notre cœur, envers un Ennemi public.

§. 70. Quand le Conducteur de l'Etat, le Souverain, déclare la Guerre à un autre Souverain, on entend, que la Nation entière déclare la guerre à une autre Nation. Car le Souverain réprésente la Nation, & agit au nom de la Société entière *, & les Nations n'ont affaire les unes aux autres qu'en Corps, dans leur qualité de Nation. Ces deux Nations sont donc ennemies, & tous les sujets de l'une sont ennemis de tous les sujets de l'autre. L'usage est ici conforme aux principes.

§. 71. Les Ennemis demeurent tels, en quelque lieu qu'ils se trouvent. Le lieu du séjour ne fait rien ici; les liens Politiques établissent la qualité. Tant qu'un homme demeure Citoyen de son pays, il est ennemi de ceux avec qui sa Nation est en guerre. Mais il n'en faut pas conclure, que ces Ennemis puissent se traiter comme tels, par-tout où ils se rencontrent. Chacun étant maître chez soi, un Prince neutre ne leur permet pas d'user de violence dans ses terres.

§. 72.

* V. le D. d. G. L. I. §. 40. & 41.

§. 72. Puisque les femmes & les enfans sont sujets de l'Etat & membres de la Nation, ils doivent être comptés au nombre des Ennemis. Mais cela ne veut pas dire qu'il soit permis de les traiter comme les hommes, qui portent les armes, ou qui sont capables de les porter. Nous verrons que l'on n'a pas les mêmes droits contre toute sorte d'ennemis.

§. 73. Dès que l'on a déterminé exactement qui sont les Ennemis, il est aisé de connoître quelles sont les choses appartenantes à l'Ennemi (*res hostiles*). Nous avons fait voir que, non seulement le Souverain, avec qui on a la guerre, est Ennemi, mais aussi sa Nation entière, jusqu'aux femmes & aux enfans ; tout ce qui appartient à cette Nation, à l'Etat, au Souverain, aux sujets de tout âge & de tout sexe, tout cela, dis-je, est donc au nombre des choses appartenantes à l'Ennemi.

§. 74. Et il en est encore ici comme des personnes : Les choses appartenantes à l'Ennemi demeurent telles, en quelque lieu qu'elles se trouvent. D'où il ne faut pas conclure, non-plus qu'à l'égard des personnes (§. 71.), que l'on ait par-tout le droit de les traiter en choses qui appartiennent à l'Ennemi.

§. 75. Puisque ce n'est point le lieu où une chose se trouve, qui décide de la nature de cette chose-là, mais la qualité de la personne à qui elle appartient ; les choses appartenantes à des personnes neutres, qui se trouvent en pays ennemi,

nemi, ou fur des vaiſſeaux ennemis, doivent être diſtinguées de celles qui appartiennent à l'Ennemi. Mais c'eſt au propriétaire de prouver clairement qu'elles ſont à lui ; car, au défaut de cette preuve, on préſume naturellement qu'une choſe appartient à la Nation chéz qui elle ſe trouve.

§. 76. Il s'agit des biens mobilaires, dans le paragraphe précédent. La règle eſt différente à l'égard des Immeubles, des Fonds de terre. Comme ils appartiennent tous en quelque ſorte à la Nation, qu'ils ſont de ſon Domaine, de ſon Territoire, & ſous ſon Empire*; & comme le poſſeſſeur eſt toûjours ſujet du pays, en ſa qualité de poſſeſſeur d'un Fonds; les Biens de cette nature ne ceſſent pas d'être Biens de l'Ennemi (*res hoſtiles*,) quoiqu'ils ſoient poſſédés par un étranger neutre. Cependant depuis que l'on fait la guerre avec tant de modération & d'égards, on donne des Sauve-gardes aux maiſons, aux Terres, que des Etrangers poſſédent en pays ennemi. Par la même raiſon, celui qui déclare la Guerre, ne confiſque point les Biens immeubles, poſſédés dans ſon pays par des ſujets de ſon Ennemi. En leur permettant d'acquérir & de poſſéder ces biens-là, il les a reçus, à cet égard, au nombre de ſes ſujets. Mais on peut mettre les revenus en ſéqueſtre, afin qu'ils ne ſoient pas tranſportés chez l'Ennemi.

§. 77.

* V. le D. d. G. Liv. I. §. 204, 235. & Liv. II. §. 114.

§. 77. Au nombre des choses appartenantes à l'Ennemi sont les choses incorporelles, tous ses droits, noms & actions: excepté cependant ces espèces de Droits, qu'un tiers a concédés & qui l'intéressent, ensorte qu'il ne lui est pas indifférent par qui ils soient possédés; tels que des droits de Commerce, par exemple. Mais comme les noms & actions, ou les dettes actives, ne sont pas de ce nombre, la Guerre nous donne sur les sommes d'argent, que des Nations neutres pourroient devoir à notre Ennemi, les mêmes droits qu'elle peut nous donner sur ses autres biens. ALEXANDRE vainqueur & maître absolu de Thèbes, fit présent aux Thessaliens de cent Talens, qu'ils devoient aux Thébains (a). Le Souverain a naturellement le même droit sur ce que ses sujets peuvent devoir aux ennemis. Il peut donc confisquer des dettes de cette nature, si le terme du payement tombe au tems de la Guerre; ou au moins défendre à ses sujets de payer, tant que la Guerre durera. Mais aujourd'hui, l'avantage & la sûreté du Commerce ont engagé tous les Souverains de l'Europe à se relâcher de cette rigueur. Et dès que cet usage est généralement reçu, celui qui y donneroit atteinte blesseroit la foi publique; car les Etrangers n'ont confié à ses sujets, que dans la ferme persuasion, que l'usage général seroit observé. L'Etat ne touche pas même

aux

(a) Voyez GROTIUS Droit de la G. & de la P. Liv. III. Ch. VIII. §. IV.

aux sommes qu'il doit aux Ennemis; par-tout, les fonds confiés au Public sont exempts de confiscation & de saisie, en cas de Guerre.

CHAPITRE VI.

Des Associés de l'Ennemi; des Sociétés de Guerre, des Auxiliaires, des Subsides.

§. 78.

Nous avons assez parlé des Traités en général, & nous ne toucherons ici à cette matière que dans ce qu'elle a de particuliérement rélatif à la Guerre. Les Traités qui se rapportent à la Guerre sont de plusieurs espèces, & varient dans leurs objets & dans leurs clauses, suivant la volonté de ceux qui les font. On doit d'abord y appliquer tout ce que nous avons dit des Traités en général*, & ils peuvent se diviser de même en Traités réels & personnels, égaux & inégaux &c. Mais ils ont aussi leurs différences spécifiques, celles qui se rapportent à leur objet particulier, à la Guerre.

§. 79. Sous cette rélation, les Alliances faites pour la Guerre se divisent en général en *Alliances Défensives* & *Alliances Offensives*. Dans les prémières, on s'engage seulement à défendre son Allié, au cas qu'il soit attaqué: Dans les secondes, on se joint à lui pour attaquer,

pour

* Liv. II, Chap. XII, & suivans.

pour porter ensemble la Guerre chez une autre Nation. Il est des Alliances offensives & défensives tout-ensemble; & rarement une Alliance est-elle offensive, sans être défensive aussi. Mais il est fort ordinaire d'en voir de purement défensives; & celles-ci sont en général les plus naturelles & les plus légitimes. Il seroit trop long, & même inutile, de parcourrir en détail toutes les variétés de ces Alliances. Les unes se font sans restriction, envers & contre tous; en d'autres on excepte certains Etats; des troisièmes sont formées nommément contre telle, ou telle Nation.

§. 80. Mais une différence qu'il est important de bien remarquer, sur-tout dans les Alliances Défensives, est celle qui se trouve entre une Alliance intime & complette, dans laquelle on s'engage à faire Cause commune; & une autre, dans laquelle on se promet seulement un secours déterminé. L'Alliance dans laquelle on fait Cause commune, est une *Société de Guerre*: Chacun y agit de toutes ses forces; tous les Alliés deviennent Parties principales dans la Guerre; ils ont les mêmes Amis & les mêmes Ennemis. Mais une Alliance de cette nature s'appelle plus particuliérement *Société de Guerre*, quand elle est offensive.

§. 81. Lorsqu'un Souverain, sans prendre part directement à la Guerre que fait un autre Souverain, lui envoye seulement un secours de Troupes, ou de Vaisseaux de Guerre; ces Troupes, ou ces Vaisseaux s'appellent *Auxiliaires*.

Les Troupes Auxiliaires servent le Prince à qui elles sont envoyées, suivant les ordres de leur Souverain. Si elles sont données purement & simplement, sans restriction, elles serviront également pour l'offensive & pour la défensive; & elles doivent obéir, pour la direction & le détail des opérations, au Prince qu'elles viennent secourir. Mais ce Prince n'en a point cependant la libre & entière disposition, comme de ses sujets. Elles ne lui sont accordées que pour ses propres Guerres, & il n'est pas en droit de les donner lui-même, comme Auxiliaires, à une troisième Puissance.

§. 82. Quelquefois ce secours d'une Puissance qui n'entre point directement dans la Guerre, consiste en argent; & alors on l'appelle *Subside*. Ce terme se prend souvent aujourd'hui dans un autre sens, & signifie une somme d'argent, qu'un Souverain paye chaque année à un autre Souverain, en récompense d'un Corps de Troupes, que celui-ci lui fournit dans ses Guerres, ou qu'il tient prêt pour son service. Les Traités, par lesquels on s'assure une pareille ressource, s'appellent *Traités de Subsides*. La France & l'Angleterre ont aujourd'hui des Traités de cette nature avec divers Princes du Nord & de l'Allemagne, & les entretiennent même en tems de paix.

Pour juger maintenant de la moralité de ces divers Traités, ou Alliances, de leur légitimité selon le Droit des Gens, & de la manière dont

ils

ils doivent être exécutés; il faut d'abord poser ce principe incontestable: *Il eſt permis & louable de ſecourir & d'aſſiſter de toute manière une Nation, qui fait une Guerre juſte; & même cette aſſiſtance eſt un devoir, pour cette Nation qui peut la donner ſans ſe manquer à elle-même. Mais on ne peut aider d'aucun ſecours celui qui fait une guerre injuſte.* Il n'y a rien là qui ne ſoit démontré par tout ce que nous avons dit des devoirs communs des Nations les unes envers les autres *. Il eſt toûjours louable de ſoutenir le bon Droit, quand on le peut: Mais aider l'injuſte, c'eſt participer à ſon crime, c'eſt être injuſte comme lui.

§. 84. Si au principe que nous venons d'établir, vous joignez la conſidération de ce qu'une Nation doit à ſa propre ſûreté, des ſoins qu'il lui eſt ſi naturel & ſi convenable de prendre, pour ſe mettre en état de réſiſter à ſes Ennemis; vous ſentirez d'autant plus aiſément combien elle eſt en droit de faire des Alliances pour la Guerre, & ſur-tout des Alliances défenſives, qui ne tendent qu'à maintenir un chacun dans la poſſeſſion de ce qui lui appartient.

Mais elle doit uſer d'une grande circonſpection, quand il s'agit de contracter de pareilles Alliances. Des engagemens, qui peuvent l'entraîner dans la Guerre, au moment qu'elle y penſera le moins, ne doivent ſe prendre que pour des raiſons très-importantes, & en vuë du bien de

* V. le D. d. G. Lib. II. Chap. I.

l'Etat. Nous parlons ici des Alliances qui se font en pleine paix & par précaution pour l'avenir.

§. 85. S'il est question de contracter Alliance avec une Nation déja engagée dans la Guerre, ou prête à s'y engager, deux choses sont à considérer: 1. La justice des armes de cette Nation. 2. Le bien de l'Etat. Si la Guerre, que fait, ou que va faire un Prince, est injuste; il n'est pas permis d'entrer dans son Alliance; puisqu'on ne peut soutenir l'injustice. Est-il fondé à prendre les armes? il reste encore à considérer, si le bien de l'Etat vous permet, ou vous conseille, d'entrer dans sa querelle. Car le Souverain ne doit user de son Autorité que pour le bien de l'Etat; c'est là que doivent tendre toutes ses démarches, & sur-tout les plus importantes. Quelle autre considération pourroit l'autoriser à exposer sa Nation aux calamités de la Guerre?

§. 86. Puisqu'il n'est permis de donner du secours, ou de s'allier, que pour une Guerre juste; toute Alliance, toute Société de Guerre, tout Traité de secours, fait d'avance en tems de paix, & lorsqu'on n'a en vuë aucune Guerre particulière, porte nécessairement & de soi-même cette Clause tacite, que le Traité n'aura lieu que pour une Guerre juste. L'Alliance ne pourroit se contracter validement sur un autre pied *.

Mais

* V. le D. d. G. Liv. II. §. 161. & 168.

Mais il faut prendre garde de ne pas réduire par-là les Traités d'Alliance à des formalités vaines & illusoires. La restriction tacite ne doit s'entendre que d'une Guerre évidemment injuste; autrement, on ne manqueroit jamais de prétexte, pour éluder les Traités. S'agit-il de vous allier à une Puissance, qui fait actuellement la Guerre? vous devez peser religieusement la justice de sa Cause; le jugement dépend de vous uniquement, parceque vous ne lui devez rien, qu'autant que ses armes seront justes, & qu'il vous conviendra de vous joindre à elle. Mais lorsque vous êtes déja lié, alors l'injustice bien prouvée de sa Cause, peut seule vous dispenser de l'assister: En cas douteux, vous devez présumer que votre Allié est fondé, puisque c'est son affaire.

Mais si vous avez de grands doutes? il vous est permis, & il sera très-louable, de vous entremettre de l'accommodement. Alors vous pourrez mettre le Droit en évidence, en reconnoissant quel est celui des deux Adversaires, qui se refuse à des conditions équitables.

§. 87. Toute Alliance porte la Clause tacite, dont nous venons de parler; donc celui qui refuse du secours à son Allié, dans une Guerre manifestement injuste, ne rompt point l'Alliance.

§. 88. Lorsque des Alliances ont été ainsi contractées d'avance, il s'agit, dans l'occasion, de déterminer les cas, dans lesquels on doit agir en conséquence de l'Alliance, ceux où la force

des

des engagemens se déploye: C'est ce qu'on appelle le Cas de l'Alliance, *Casus Fœderis*. Il se trouve dans le concours des circonstances pour lesquelles le Traité a été fait, soit que ces circonstances y soient marquées expressément, soit qu'on les ait tacitement supposées. Tout ce qu'on a promis par le Traité d'Alliance, est dû dans le *Casus Fœderis*, & non autrement.

§. 89. Les Traités les plus solemnels ne pouvant obliger personne à favoriser d'injustes armes (§. 86.), le *Casus Fœderis* ne se trouve jamais avec l'injustice manifeste de la guerre.

§. 90. Dans une Alliance défensive, le *Casus Fœderis* n'existe pas tout de suite dès que notre Allié est attaqué. Il faut voir encore s'il n'a point donné à son Ennemi un juste sujet de lui faire la guerre. Car on ne peut s'être engagé à le défendre, pour le mettre en état d'insulter les autres, ou de leur refuser justice. S'il est dans le tort, il faut l'engager à offrir une satisfaction raisonnable; & si son Ennemi ne veut pas s'en contenter, le cas de le défendre arrive seulement alors.

§. 91. Que si l'Alliance défensive porte une garentie de toutes les Terres, que l'Allié possède actuellement; le *Casus Fœderis* se déploye dès que ces terres sont envahies, ou menacées d'invasion. Si quelqu'un les attaque pour une juste Cause, il faut obliger l'Allié à donner satisfaction: mais on est fondé à ne pas souffrir que ses Possessions lui soient enlevées; car le plus
sou-

souvent on en prend la Garentie pour sa propre
sûreté. Au reste, les Règles d'Interprétation,
que sont données dans un Chapitre exprès (*), doivent être consultées, pour déterminer, dans les occasions particulières, l'existen-
ce du *Casus Fœderis*.

§. 92. Si l'Etat qui a promis un secours, ne
se trouve pas en pouvoir de le fournir, il en est
dispensé par son impuissance même : Et s'il ne
pouvoit le donner, sans se mettre lui-même
dans un danger évident, il en seroit dispensé
encore. Ce seroit le cas d'un Traité pernicieux
à l'Etat, lequel n'est point obligatoire *. Mais
nous parlons ici d'un danger imminent, & qui
menace le salut même de l'Etat. Le cas d'un
pareil danger est tacitement & nécessairement
réservé en tout Traité. Pour ce qui est des dangers éloignés, ou médiocres ; comme ils sont
inséparables de toute Alliance dont la Guerre
est l'objet, il seroit absurde de prétendre qu'ils
dussent faire exception : Et le Souverain peut y
exposer sa Nation, en faveur des avantages qu'elle tire de l'Alliance.

En vertu de ces principes, celui-là est dispensé d'envoyer du secours à son Allié, qui se trouvé lui-même embarrassé dans une Guerre, pour
laquelle il a besoin de toutes ses forces. S'il est
en état de faire face à ses Ennemis, & de secourir en même-tems son Allié ; il n'a point de
rai-

(*) V. le D. d. G. Liv. II. Chap. XVII.
** Ibid. L. II. §. 160.

raison de s'en dispenser. Mais en pareil cas, c'est à chacun de juger de ce que sa situation & ses forces lui permettent de faire. Il en est de même des autres choses, que l'on peut avoir promises, des vivres, par exemple. On n'est point obligé d'en fournir à un Allié, lorsqu'on en a besoin pour soi-même.

Ne répétons point ici ce qui a été dit de divers autres cas, en parlant des Traités en général, comme de la préférence qui est duë au plus ancien Allié *, & à un Protecteur (*Ibid.* §. 204.), du sens que l'on doit donner au terme d'Alliés, dans un Traité où ils sont réservés (*ibid.* §. 309.). Ajoûtons seulement sur cette dernière question, que dans une Alliance pour la Guerre, qui se fait *envers & contre tous, les Alliés réservés*, cette exception ne doit s'entendre que des Alliés présens. Autrement, il seroit aisé dans la suite, d'éluder l'ancien Traité, par de nouvelles Alliances; on ne sçauroit, ni ce qu'on fait, ni ce qu'on gagne, en concluant un pareil Traité.

Voici un cas, dont nous n'avons pas parlé. Un Traité d'Alliance défensive s'est fait entre trois Puissances: Deux d'entre-elles se brouillent, & se font la guerre; Que fera la troisième? Elle ne doit secours ni à l'une, ni à l'autre, en vertu du Traité. Car il seroit absurde de dire, qu'elle a promis à chacune son assistance ; contre

---

* V. le D. d. G. L. II. §. 167.

tre l'autre, ou à l'une des deux, au préjudice de l'autre. L'Alliance ne l'oblige donc à autre chose, qu'à interposer ses bons offices, pour réconcilier ses Alliés : Et si elle ne peut y réussir, elle demeure en liberté de secourir celui des deux, qui lui paroîtra fondé en justice.

Refuser à un Allié les secours qu'on lui doit, lorsqu'on n'a aucune bonne raison de s'en dispenser, c'est lui faire une injure, puisque c'est violer le droit parfait, qu'on lui a donné par un engagement formel. Je parle des cas évidens; c'est alors seulement que le droit est parfait; car dans les cas douteux, chacun est juge de ce qu'il est en état de faire (§. 92.). Mais il doit juger sainement, & agir de bonne-foi. Et comme on est tenu naturellement à réparer le dommage, que l'on a causé par sa faute, & sur-tout par une injustice ; on est obligé à indemniser un Allié de toutes les pertes, qu'un injuste refus peut lui avoir causées. Combien de circonspection faut-il donc apporter à des engagemens, auxquels on ne peut manquer, sans faire une brèche notable, ou à ses affaires, ou à son honneur, & dont l'accomplissement peut avoir les suites les plus sérieuses !

§. 95. C'est un engagement bien important que celui qui peut entraîner dans une guerre : il n'y va pas de moins, que du salut de l'Etat. Celui qui promet dans une Alliance, un Subside, ou un Corps d'Auxiliaires, pense quelquefois ne hazarder qu'une somme d'argent, ou un

cer-

certain nombre de soldats; il s'expose souvent à la guerre & à toutes ses calamités. La Nation, contre laquelle il donne du secours, le regardera comme son Ennemi ; & si le sort des armes la favorise, elle portera la guerre chez lui. Mais il nous reste à voir, si elle peut le faire avec justice, & en quelles occasions. Quelques Auteurs (*a*) décident en général, que quiconque se joint à notre ennemi, ou l'assiste contre nous d'argent, de troupes, ou en quelque autre manière que ce soit, devient par-là notre Ennemi, & nous met en droit de lui faire la guerre. Décision cruelle, & bien funeste au repos des Nations! Elle ne peut se soutenir par les Principes, & l'usage de l'Europe s'y trouve heureusement contraire. Il est vrai que tout Associé de mon Ennemi est lui-même mon Ennemi. Peu importe que quelqu'un me fasse la guerre directement & en son propre nom, ou qu'il me la fasse sous les auspices d'un autre. Tous les droits que la Guerre me donne contre mon Ennemi principal, elle me les donne de même contre tous ses Associés. Car ces droits me viennent de celui de sûreté, du soin de ma propre défense ; & je suis également attaqué par les uns & par les autres. Mais la question est de sçavoir, qui sont ceux que je puis légitimement compter comme Associés de mon Ennemi, unis pour me faire la Guerre?

§. 96.

(*a*) Voyez Wolfii Jus Gentium §§. 730. & 736.

§. 96. Prémièrement je mettrai de ce nombre tous ceux qui ont avec mon Ennemi une véritable Société de Guerre, qui font cause commune avec lui, quoique la Guerre ne se fasse qu'au nom de cet Ennemi principal. Cela n'a pas besoin de preuve. Dans les Sociétés de Guerre ordinaires & ouvertes, la Guerre se fait au nom de tous les Alliés, lesquels sont également Ennemis (§. 80.).

§. 97. En second lieu, je regarde comme Associés de mon Ennemi ceux qui l'assistent dans sa guerre, sans y être obligés par aucun Traité. Puisqu'ils se déclarent contre moi librement & volontairement, ils veulent bien être mes Ennemis. S'ils se bornent à donner un secours déterminé, à accorder la levée de quelques Troupes, à avancer de l'argent, gardant d'ailleurs avec moi toutes les relations de Nations amies, ou neûtres; je puis dissimuler ce sujet de plainte, mais je suis en droit de leur en demander raison. Cette prudence, de ne pas rompre toûjours ouvertement avec ceux qui assistent ainsi un Ennemi, afin de ne les point obliger à se joindre à lui avec toutes leurs forces; ce menagement, dis-je, a insensiblement introduit la Coûtume, de ne pas regarder une pareille assistance (sur-tout quand elle ne consiste que dans la permission de lever des Troupes volontaires,) comme un acte d'hostilité. Combien de fois les Suisses ont-ils accordé des Levées à la France, en même-tems qu'ils les refusoient à la Mai-

Maison d'Autriche, quoique l'une & l'autre Puissance fût leur Allié? Combien de fois en ont-ils accordé à un Prince & refusé à son Ennemi, n'ayant aucune Alliance, ni avec l'un, ni avec l'autre? Ils les accordoient, ou les refusoient, selon qu'ils le jugeoient expédient pour eux-mêmes. Jamais personne ne les a attaqués pour ce sujet. Mais la prudence qui empêche d'user de tout son droit, n'ôte pas le droit pour cela. On aime mieux dissimuler, que grossir sans nécessité le nombre de ses Ennemis.

§. 98. En troisième lieu, ceux qui, liés à mon Ennemi par une Alliance offensive, l'assistent actuellement dans la Guerre qu'il me déclare; ceux-là, dis-je, concourrent au mal qu'on veut me faire: Ils se montrent mes Ennemis, & je suis en droit de les traiter comme tels. Aussi les Suisses, dont nous venons de parler, n'accordent-ils ordinairement des Troupes, que pour la simple défensive. Ceux qui servent en France, ont toûjours eû défense de leurs Souverains, de porter les armes contre l'Empire, ou contre les Etats de la Maison d'Autriche en Allemagne. En 1644. les Capitaines du Régiment de GUY, Neufchatelois, apprenant qu'ils étoient destinés à servir sous le Maréchal de TURENNE en Allemagne, déclarèrent, qu'ils périroient plûtôt que de désobéir à leur Souverain & de violer les Alliances du Corps Helvétique. Depuis que la France est maîtresse de l'Alsace, les Suisses qui combattent

tent dans ses Armées, ne passent point le Rhin pour attaquer l'Empire. Le brave DAXELHOFFER Capitaine Bernois, qui servoit la France à la tête de deux-cents hommes, dont ses quatre fils formoient le prémier rang, voyant que le Général vouloit l'obliger à passer le Rhin, brisa son esponton, & ramena sa Compagnie à Berne.

§. 99. Une Alliance même défensive, faite nommément contre moi, ou, ce qui revient à la même chose, concluë avec mon Ennemi pendant la Guerre, ou lorsqu'on la voit sur le point de se déclarer, est un acte d'association contre moi; & si elle est suivie des effets, je suis en droit de regarder celui qui l'a contractée, comme mon ennemi. C'est le cas de celui, qui assiste mon Ennemi, sans y être obligé, & qui veut bien être lui-même mon Ennemi (voyez le §. 97.).

§. 100. L'Alliance défensive, quoique générale & faite avant qu'il fût question de la Guerre présente, produit encore le même effet, si elle porte une assistance de toutes les forces des Alliés. Car alors, c'est une vraie Ligue, ou Société de Guerre. Et puis, il seroit absurde que je ne pusse porter la Guerre chez une Nation, qui s'oppose à moi de toutes ses forces, & tarir la source des secours qu'elle donne à mon Ennemi. Qu'est-ce qu'un Auxiliaire, qui vient me faire la Guerre, à la tête de toutes ses forces? Il se joue, s'il prétend n'être pas mon Ennemi. Que feroit-il de plus, s'il en prenoit hautement la qualité? Il ne me ménage donc point; il voudroit se ménager lui-même. Souffrirai-je qu'il conserve ses Provinces en paix, à couvert de tout danger, tandis qu'il me fera tout le mal qu'il est capable de me faire? Non; la Loi de la Nature, le Droit des Gens, nous oblige à la Justice, & ne nous condamne point à être dupes.

§. 101. Mais si une Alliance défensive n'a point été faite particulièrement contre moi, ni conclue dans le tems que je me préparois ouvertement à la Guerre, ou que je l'avois déja commencée, & si les Alliés y ont simplement stipulé, que chacun d'eux fournira un secours déterminé à celui qui sera attaqué; je ne puis exiger qu'ils manquent à un Traité solemnel, que l'on a sans-doute pû conclure sans me faire injure: Les secours qu'ils fournissent à mon Ennemi, sont une dette, qu'ils payent; ils ne me font point injure en l'acquittant; & par conséquent, ils ne me donnent aucun juste sujet de leur faire la Guerre (§. 26.). Je ne puis pas dire non plus, que ma sûreté m'oblige à les attaquer. Car je ne ferois par là qu'augmenter le nombre de mes Ennemis, & m'attirer toutes les forces de ces Nations sur les bras, au lieu d'un secours modique, qu'elles donnent contre moi. Les Auxiliaires seuls qu'elles envoyent, sont donc mes Ennemis. Ceux-là sont véritablement joints à mes Ennemis & combattent contre moi.

Les

Les principes contraires iroient à multiplier les Guerres, à les étendre sans mesure, à la ruïne des Nations. Il est heureux pour l'Europe, que l'usage s'y trouve, en ceci, conforme aux vrais principes. Il est rare qu'un Prince ose se plaindre de ce qu'on fournit pour la défense d'un Allié, des secours, promis par d'anciens Traités, par des Traités qui n'ont pas été faits contre lui. Les Provinces-Unies ont long-tems fourni des Subsides, & même des Troupes, à la Reine d'Hongrie, dans la dernière Guerre: La France ne s'en est plainte que quand ces Troupes ont marché en Alsace, pour attaquer sa frontière. Les Suisses donnent à la France de nombreux Corps de Troupes, en vertu de leur Alliance avec cette Couronne; & ils vivent en paix avec toute l'Europe.

Un seul cas pourroit former ici une exception; c'est celui d'une défensive manifestement injuste. Car alors on n'est plus obligé d'assister un Allié (§. 86. 87. & 89.). Si l'on s'y porte sans nécessité, & contre son devoir, on fait injure à l'Ennemi, & on se déclare de gaieté de cœur contre lui. Mais ce cas est très-rare contre les Nations. Il est peu de Guerres défensives, dont la justice, ou la nécessité, ne se puisse fonder au moins sur quelque raison apparente: Or en toute occasion douteuse, c'est à chaque Etat de juger de la justice de ses armes, & la présomption est en faveur de l'Allié (§. 86.). Ajoûtez, que c'est à vous de juger de ce que vous avez à faire conformément à vos devoirs & à vos engagemens, & que par conséquent l'évidence la plus palpable peut feule autorifer l'Ennemi de votre Allié, à vous accufer de foutenir une Caufe injufte, contre les lumières de votre Confcience. Enfin le Droit des Gens Volontaire ordonne, qu'en toute Caufe fufceptible de doute, les armes des deux partis foient regardées, quant aux effets extérieurs, comme également légitimes (§. 40.).

§. 102. Les vrais Affociés de mon Ennemi étant mes Ennemis; j'ai contre eux les mêmes droits que contre l'Ennemi principal (§. 95.). Et puifqu'ils fe déclarent tels eux-mêmes, qu'ils prennent les prémiers les armes contre moi; je puis leur faire la guerre fans la leur déclarer; elle eft affez déclarée par leur propre fait. C'eft le cas principalement de ceux qui concourrent en quelque manière que ce foit à me faire une guerre offenfive, & c'eft auffi celui de tous ceux dont nous venons de parler, dans les paragraphes 96. 97. 98. 99. & 100.

Mais il n'en eft pas ainfi des Nations, qui affiftent mon Ennemi dans fa guerre défenfive, fans que je puiffe les regarder comme fes Affociés (§. 101.). Si j'ai à me plaindre des fécours qu'elles lui donnent; c'eft un nouveau différend de moi à elles. Je puis leur demander raifon; & fi elles ne me fatisfont pas, j'ai à pourfuivre mon droit & leur faire la guerre. Mais alors, il faut la déclarer (§. 51.). L'exemple

ple de Manlius, qui fit la guerre aux Galates, parce qu'ils avoient fourni des Troupes à Antiochus, ne convient point au cas. Grotius (*a*) blâme le Général Romain d'avoir commencé cette Guerre sans Déclaration. Les Galates, en fournissant des Troupes pour une Guerre offensive contre les Romains, s'étoient eux-mêmes déclarés Ennemis de Rome. Il est vrai, que la paix étant faite avec Antiochus, il semble que Manlius devoit attendre les ordres de Rome, pour attaquer les Galates. Et alors, si on envisageoit cette expédition comme une Guerre nouvelle, il falloit, non-seulement la déclarer, mais demander satisfaction, avant que d'en venir aux armes (§. 51.). Mais le Traité avec le Roi de Syrie n'étoit pas encore consommé, & il ne regardoit que lui, sans faire mention de ses Adhérens. Manlius entreprit donc l'expédition contre les Galates, comme une suite, ou un reste de la Guerre d'Antiochus. C'est ce qu'il explique fort bien lui-même, dans son Discours au Sénat (*b*); & même il ajoûte, qu'il débuta par tenter s'il pourroit engager les Galates à se mettre à la raison. Grotius allégue plus à propos l'exemple d'Ulisse & de ses Compagnons, les blâmant d'avoir attaqué sans Déclaration de Guerre les Ciconiens, qui, pendant le siége de Troie, avoient envoyé du secours à Priam (*c*).

(*a*) Droit de la G. & de la P. Liv. III. Ch. III. §. X.
(*b*) Tit. Liv. Lib. XXXVIII.
(*c*) Grotius *ubi supra,* not. 3.

CHAPITRE VII.
De la Neutralité & du passage des Troupes en pays neutre.

§. 103.

Les Peuples neutres, dans une Guerre, sont ceux qui n'y prennent aucune part, demeurant Amis communs des deux partis, & ne favorisant point les armes de l'un, au préjudice de l'autre. Nous avons à considérer les obligations & les droits, qui découlent de la Neutralité.

§. 104. Pour bien saisir cette question, il faut éviter de confondre ce qui est permis à une Nation libre de tout engagement, avec ce qu'elle peut faire, si elle prétend être traitée comme parfaitement neutre, dans une Guerre. Tant qu'un Peuple neutre veut jouir sûrement de cet état, il doit montrer en toutes choses une exacte impartialité entre ceux qui se font la guerre. Car s'il favorise l'un, au préjudice de l'autre, il ne pourra se plaindre, quand celui-ci le traitera comme adhérent & associé de son Ennemi. Sa Neutralité seroit une Neutralité frauduleuse, dont personne ne veut être la dupe. On la souffre quelquefois, parce qu'on n'est pas en état de s'en ressentir; on dissimule, pour ne pas s'attirer de nouvelles forces sur les bras. Mais nous cherchons ici ce qui est de droit, &
non

non ce que la prudence peut dicter, selon les conjonctures. Voyons donc en quoi consiste cette impartialité, qu'un Peuple neutre doit garder.

Elle se rapporte uniquement à la Guerre, & comprend deux choses : 1. Ne point donner de secours, quand on n'y est pas obligé ; ne fournir librement ni Troupes, ni Armes, ni Munitions, ni rien de ce qui sert directement à la Guerre. Je dis ne point donner de secours, & non pas en donner également ; car il seroit absurde qu'un Etat secourût en même-tems deux Ennemis : Et puis il seroit impossible de le faire avec égalité ; les mêmes choses, le même nombre de Troupes, la même quantité d'armes, de munitions &c. fournies en des circonstances differentes, ne forment plus des secours équivalens. 2. Dans tout ce qui ne regarde pas la Guerre, une Nation neutre & impartiale ne refusera point à l'un des partis, à raison de sa querelle présente, ce qu'elle accorde à l'autre. Ceci ne lui ôte point la liberté, dans ses Négociations, dans ses liaisons d'Amitié, & dans son Commerce, de se diriger sur le plus grand bien de l'Etat. Quand cette raison l'engage à des preferences, pour des choses, dont chacun dispose librement ; elle ne fait qu'user de son droit : Il n'y a point là de partialité. Mais si elle refusoit quelqu'une de ces choses-là à l'un des partis, uniquement parce qu'il fait la guerre à l'autre, & pour favoriser celui-ci, elle ne garderoit plus une exacte neutralité.

§. 105. J'ai dit qu'un Etat neutre ne doit donner du sécours ni à l'un ni à l'autre des deux partis, *quand il n'y est pas obligé*. Cette restriction est nécessaire. Nous avons déja vû, que quand un Souverain fournit le sécours modéré, qu'il doit en vertu d'une ancienne Alliance défensive, il ne s'associe point à la Guerre (§. 101.): Il peut donc s'acquitter de ce qu'il doit, & garder du reste une exacte Neutralité. Les exemples en sont fréquens en Europe.

§. 106. Quand il s'élève une Guerre entre deux Nations; alors toutes les autres, qui ne sont point liées par des Traités, sont libres de demeurer neutres; & si quelqu'un vouloit les contraindre à se joindre à lui, il leur feroit injure, puisqu'il entreprendroit sur leur indépendance, dans un point très-essentiel. C'est à elles uniquement de voir si quelque raison les invite à prendre parti, & elles ont deux choses à considérer: 1. La justice de la Cause ; Si elle est évidente, on ne peut favoriser l'injustice: il est beau, au contraire, de sécourir l'innocence opprimée, lorsqu'on en a le pouvoir ; Si la Cause est douteuse, les Nations peuvent suspendre leur jugement, & ne point entrer dans une querelle étrangère. 2. Quand elles voient de quel côté est la justice, il reste encore à examiner s'il est du bien de l'Etat de se mêler de cette affaire & de s'embarquer dans la guerre.

§. 107.

§. 107. Une Nation qui fait la Guerre, ou qui se prépare à la faire, prend souvent le parti de proposer un Traité de Neutralité à celle qui lui est suspecte. Il est prudent de sçavoir de bonne-heure à quoi s'en tenir, & de ne point s'exposer à voir tout-à-coup un voisin se joindre à l'Ennemi, dans le plus fort de la guerre. En toute occasion où il est permis de rester neutre, il est permis aussi de s'y engager par un Traité.

Quelquefois même cela devient permis par nécessité. Ainsi, quoiqu'il soit du devoir de toutes les Nations de sécourir l'innocence opprimée; si un Conquérant injuste, prêt à envahir le bien d'autrui, me présente la Neutralité, lorsqu'il est en état de m'accabler, que puis-je faire de mieux que de l'accepter? J'obéis à la nécessité; & mon impuissance me décharge d'une obligation naturelle. Cette même impuissance me dégageroit même d'une obligation parfaite, contractée par une Alliance. L'Ennemi de mon Allié me menace avec des forces très-supérieures; mon fort est en sa main: Il exige que je renonce à la liberté de fournir aucun sécours contre lui. La nécessité, le soin de mon salut, me dispensent de mes engagemens. C'est ainsi que Louis XIV. força Victor-Amedee Duc de Savoye, à quitter le parti des Alliés. Mais il faut que la nécessité soit très-pressante. Les lâches seuls, ou les perfides, s'autorisent de la moindre crainte, pour manquer à leurs pro-

promesses, ou pour trahir leur devoir. Dans la dernière Guerre, le Roi de Pologne Electeur de Saxe & le Roi de Sardaigne ont tenu ferme contre le malheur des événemens, & ils ont eû la gloire de ne point traiter sans leurs Alliés.

§. 108. Une autre raison rend les Traités de Neutralité utiles & même nécessaires. La Nation qui veut assurer sa tranquillité, lorsque le feu de la Guerre s'allume dans son voisinage, n'y peut mieux réussir qu'en concluant avec les deux partis des Traités, dans lesquels on convient expressément de ce que chacun pourra faire, ou exiger, en vertu de la neutralité. C'est le moyen de se maintenir en paix, & de prévenir toute difficulté, toute chicane.

§. 109. Si l'on n'a point de pareils Traités, il est à craindre qu'il ne s'élève souvent des disputes sur ce que la Neutralité permet, ou ne permet pas. Cette matière offre bien des Questions, que les Auteurs ont agitées avec chaleur, & qui ont excité entre les Nations des querelles plus dangereuses. Cependant le Droit de la Nature & des Gens a ses Principes invariables, & peut fournir des Règles, sur cette matière, comme sur les autres. Il est aussi des choses qui ont passé en Coûtume entre les Nations policées, & auxquelles il faut se conformer, si l'on ne veut pas s'attirer le blâme de rompre injustement la paix. Quant aux Règles du Droit des Gens Naturel, elles résultent d'une juste combinaison des Droits de la Guerre, avec la

Li-

Liberté, le salut, les avantages, le Commerce & les autres Droits des Nations neutres. C'est sur ce principe, que nous formerons les Règles suivantes.

§. 110. Prémièrement, tout ce qu'une Nation fait en usant de ses droits, & uniquement en vuë de son propre bien, sans partialité, sans dessein de favoriser une Puissance au préjudice d'une autre; tout cela, dis-je, ne peut, en général, être regardé comme contraire à la Neutralité, & ne devient tel que dans ces occasions particulières, où il ne peut avoir lieu sans faire tort à l'un des partis, qui a alors un droit particulier de s'y opposer. C'est ainsi que l'Assiégeant a droit d'interdire l'entrée de la Place assiégée (voyez ci-dessous le §. 117.). Hors ces sortes de cas, les querelles d'autrui m'ôteront-elles la libre disposition de mes droits, dans la poursuite de mesures que je croirai salutaires à ma Nation? Lorsdonc qu'un Peuple est dans l'usage, pour occuper & pour exercer ses sujets, de permettre des Levées de Troupes en faveur de la Puissance à qui il veut bien les confier; l'Ennemi de cette Puissance ne peut traiter ces permissions d'hostilités, à moins qu'elles ne soient données pour envahir ses Etats, ou pour la défense d'une Cause odieuse & manifestement injuste. Il ne peut même prétendre de droit, qu'on lui en accorde autant; parceque ce Peuple peut avoir des raisons de le refuser, qui n'ont pas lieu à l'égard du parti contraire; &

c'est

c'eſt à lui de voir ce qui lui convient. Les Suiſſes, comme nous l'avons déja dit, accordent des Levées de Troupes à qui il leur plaît; & perſonne juſqu'ici ne s'eſt aviſé de leur faire la guerre à ce ſujet. Il faut avouer cependant, que ſi ces Levées étoient conſidérables, ſi elles faiſoient la principale force de mon Ennemi, tandis que, ſans alléguer des raiſons ſolides, on m'en refuſeroit abſolument; j'aurois tout lieu de regarder ce Peuple comme ligué avec mon Ennemi; & en ce cas, le ſoin de ma propre ſûreté m'autoriſeroit à le traiter comme tel.

Il en eſt de même de l'argent, qu'une Nation auroit coûtume de prêter à uſure. Que le Souverain, ou ſes ſujets prêtent ainſi leur argent à mon Ennemi, & qu'ils me le refuſent, parce qu'ils n'auront pas la même confiance en moi; ce n'eſt pas enfraindre la Neutralité: Ils placent leurs fonds là où ils croient trouver leur ſûreté. Si cette préférence n'eſt pas fondée en raiſons, je puis bien l'attribuer à mauvaiſe volonté envers moi, ou à prédilection pour mon Ennemi. Mais ſi j'en prenois occaſion de déclarer la Guerre, je ne ſerois pas moins condamné par les vrais principes du Droit des Gens, que par l'uſage, heureuſement établi en Europe. Tant qu'il paroît que cette Nation prête ſon argent uniquement pour s'en procurer d'intérêt; elle peut en diſpoſer librement & ſelon ſa prudence, ſans que je ſois en droit de me plaindre.

Mais

Mais si le prêt se faisoit manifestement pour mettre un Ennemi en état de m'attaquer; ce seroit concourrir à me faire la guerre.

Que si ces Troupes étoient fournies à mon Ennemi par l'Etat lui-même, & à ses frais, ou l'argent prêté de même par l'Etat, sans intérêt; ce ne seroit plus une question de sçavoir, si un pareil sécours se trouveroit incompatible avec la Neutralité.

Disons encore, sur les mêmes principes, que si une Nation commerce en Armes, en bois de construction, en Vaisseaux, en Munitions de Guerre, je ne puis trouver mauvais qu'elle vende de tout cela à mon Ennemi, pourvû qu'elle ne refuse pas de m'en vendre aussi à un prix raisonnable: Elle exerce son trafic, sans dessein de me nuire; & en le continuant, comme si je n'avois point de guerre, elle ne me donne aucun juste sujet de plainte.

§. III. Je suppose, dans ce que je viens de dire, que mon Ennemi va acheter lui-même dans un pays neutre. Parlons maintenant d'un autre cas, du Commerce que les Nations neutres vont exercer chez mon Ennemi. Il est certain que, ne prenant aucune part à ma querelle, elles ne sont point tenuës de renoncer à leur trafic, pour éviter de fournir à mon Ennemi les moyens de me faire la guerre. Si elles affectoient de ne me vendre aucun de ces articles, en prenant des mesures pour les porter en abondance à mon Ennemi, dans la vuë mani-

feste

feste de le favoriser ; cette partialité les tireroit de la Neûtralité. Mais si elles ne font que suivre tout uniment leur Commerce, elles ne se déclarent point par là contre mes intérêts ; elles exercent un droit, que rien ne les oblige de me sacrifier.

D'un autre côté, dès que je suis en guerre avec une Nation, mon salut & ma sûreté demandent que je la prive, autant qu'il est en mon pouvoir, de tout ce qui peut la mettre en état de me résister & de me nuire. Ici le Droit de nécessité déploye sa force. Si ce droit m'autorise bien, dans l'occasion, à me saisir de ce qui appartient à autrui, ne pourra-t-il m'autoriser à arrêter toutes les choses appartenantes à la Guerre, que des peuples neutres conduisent à mon Ennemi ? Quand je devrois par là me faire autant d'ennemis de ces peuples neutres, il me conviendroit de le risquer, plûtôt que de laisser fortifier librement celui qui me fait actuellement la guerre. Il est donc très-à-propos, & très-convenable au Droit des Gens, qui défend de multiplier les sujets de guerre, de ne point mettre au rang des hostilités ces sortes de saisies, faites sur des Nations neutres. Quand je leur ai notifié ma Déclaration de Guerre à tel ou tel Peuple ; si elles veulent s'exposer à lui porter des choses qui servent à la Guerre, elles n'auront pas sujet de se plaindre, au cas que leurs Marchandises tombent dans mes mains, de même que je ne leur déclare pas la guerre, pour

avoir

avoir tenté de les porter. Elles souffrent, il est vrai, d'une Guerre, à laquelle elles n'ont point de part; mais c'est par accident. Je ne m'oppose point à leur droit, j'use seulement du mien; & si nos droits se croisent & se nuisent réciproquement, c'est par l'effet d'une nécessité inévitable. Ce conflict arrive tous les jours dans la Guerre. Lorsqu'usant de mes droits, j'épuise un pays, d'où vous tiriez votre subsistance; lorsque j'assiége une Ville, avec laquelle vous faisiez un riche Commerce; je vous nuis sans-doute, je vous cause des pertes, des incommodités: mais c'est sans dessein de vous nuire; je ne vous fais point injure, puisque j'use de mes droits.

Mais afin de mettre des bornes à ces inconvéniens, de laisser subsister la liberté du Commerce, pour les Nations neutres, autant que les Droits de la Guerre peuvent le permettre, il est des règles à suivre, & desquelles il semble que l'on soit assez généralement convenu en Europe.

§. 112. La première est de distinguer soigneusement les Marchandises communes, qui n'ont point de rapport à la Guerre, de celles qui y servent particulièrement. Le Commerce des prémières doit être entièrement libre aux Nations neutres; les Puissances en guerre n'ont aucune raison de le leur refuser, d'empêcher le transport de pareilles marchandises chez l'Ennemi: Le soin de leur sûreté, la nécessité de se défendre, ne les y autorife point, puifque ces chofes ne rendront pas l'ennemi plus formidable. Entreprendre d'en interrompre, d'en interdire le Commerce, ce feroit violer les droits des Nations neutres & leur faire injure; la néceffité, comme nous venons de le dire, étant la feule raifon, qui autorife à gêner leur Commerce, & leur navigation dans les ports de l'Ennemi. L'Angleterre & les Provinces-Unies étant convenuës le 22. Août 1689. par le Traité de *Wittehal*, de notifier à tous les Etats qui n'étoient pas en guerre avec la France, qu'elles attaqueroient, & qu'elles déclaroient d'avance de bonne prife, tout Vaiffeau deftiné pour un des ports de ce Royaume, ou qui en fortiroit; la Suéde & le Dannemarck, fur qui on avoit fait quelques prifes, fe liguèrent le 17. Mars 1693. pour foutenir leurs droits & fe procurer une jufte fatisfaction. Les deux Puiffances Maritimes, reconnoiffant que les plaintes des deux Couronnes étoient bien fondées, leur firent juftice (*a*).

Les chofes qui font d'un ufage particulier pour la Guerre, & dont on empêche le tranfport chez l'Ennemi, s'appellent *Marchandifes de Contrebande*. Telles font les Armes, les Munitions de Guerre, les bois & tout ce qui fert à la conftruction & à l'armement des Vaiffeaux de Guerre, les Chevaux, & les vivres mêmes,

en

(*a*) Voyez d'autres exemples dans GROTIUS L. III. Ch. I. §. V. not. 6.

en certaines occasions, où l'on espère de réduire l'Ennemi par la faim.

§. 113. Mais pour empêcher le transport des Marchandises de Contrebande chez l'Ennemi, doit-on se borner à les arrêter, à les saisir, en en payant le prix au propriétaire; ou bien est-on en droit de les confisquer? Se contenter d'arrêter ces marchandises, seroit le plus souvent un moyen inefficace, principalement sur mer, où il n'est pas possible de couper tout accès aux ports de l'Ennemi. On prend donc le parti de confisquer toutes les Marchandises de Contrebande dont on peut se saisir, afin que la crainte de perdre, servant de frein à l'avidité du gain, les Marchands des pays neutres s'abstiennent d'en porter à l'Ennemi. Et certes il est d'une si grande importance pour une Nation qui fait la Guerre, d'empêcher, autant qu'il est en son pouvoir, que l'on ne porte à son Ennemi des choses qui le fortifient & le rendent plus dangereux, que la nécessité, le soin de son salut & de sa sûreté l'autorisent à y employer des moyens efficaces, à déclarer qu'elle regardera comme de bonne prise toutes les choses de cette nature, que l'on conduira à son Ennemi. C'est pourquoi elle notifie aux Etats neutres sa Déclaration de Guerre (§.63.): Sur quoi ceux-ci avertissent ordinairement leurs sujets de s'abstenir de tout Commerce de contrebande avec les peuples qui sont en guerre, leur déclarant, que s'ils y sont pris, le Souverain ne les protégera point,

point. C'eſt à quoi les Coûtumes de l'Europe paroiſſent aujourd'hui s'être généralement fixées, après bien des variations, comme on peut le voir dans la Note de Grotius, que nous venons de citer, & particuliérement par les Ordonnances des Rois de France, des années 1543. & 1584. leſquelles permettent ſeulement aux François de ſe ſaiſir des Marchandiſes de Contrebande & de les garder, en en payant la valeur. L'uſage moderne eſt certainement ce qu'il y a de plus convenable aux devoirs mutuels des Nations, & de plus propre à concilier leurs droits reſpectifs. Celle qui fait la Guerre a le plus grand intérêt à priver ſon Ennemi de toute aſſiſtance étrangère, & par là elle eſt en droit de regarder, ſinon abſolument comme ennemis, au moins comme gens qui ſe ſoucient peu de lui nuire, ceux qui portent à ſon Ennemi les choſes dont il a beſoin pour la Guerre: Elle les punit par la confiſcation de leurs marchandiſes. Si le Souverain de ceux-ci entreprenoit de les protéger, ce ſeroit comme s'il vouloit fournir lui-même cette eſpèce de ſecours: Démarche contraire ſans-doute à la Neutralité. Une Nation, qui ſans autre motif que l'appât du gain, travaille à fortifier mon Ennemi, & ne craint point de me cauſer un mal irréparable; cette Nation n'eſt certainement pas mon Amie (*a*), & elle me met en droit de la con-

(*a*) De nos jours le Roi d'Eſpagne a interdit l'entrée de ſes ports aux Vaiſſeaux de Hambourg, parce

considérer & de la traiter comme associée de mon Ennemi. Pour éviter donc des sujets perpétuels de plainte & de rupture, on est convenu, d'une manière tout-à-fait conforme aux vrais principes, que les Puissances en guerre pourront saisir & confisquer toutes les Marchandises de Contrebande, que des personnes neutres transporteront chez leur Ennemi, sans que le Souverain de ces personnes-là s'en plaigne: comme, d'un autre côté, la Puissance en guerre n'impute point aux Souverains neutres, ces entreprises de leurs sujets. On a soin même de règler en détail toutes ces choses dans des Traités de Commerce & de Navigation.

§. 114. On ne peut empêcher le transport des effets de Contrebande, si l'on ne visite pas les Vaisseaux neutres, que l'on rencontre en mer. On est donc en droit de les visiter. Quelques Nations puissantes ont refusé en differens tems, de se soumettre à cette visite. ,, Après ,, la paix de *Vervins*, la Reine ELISABETH ,, continuant la Guerre avec l'Espagne, pria le ,, Roi de France de permettre qu'elle fit visiter ,, les Vaisseaux François qui alloient en Espa- ,, gne, pour savoir s'ils n'y portoient point de ,, Munitions de guerre: Mais on le refusa, ,, par la raison que ce seroit une occasion de fa- ,, voriser le pillage, & de troubler le Com- ,, mer-

que cette Ville s'étoit engagée à fournir des Munitions de Guerre aux Algériens, & l'a ainsi obligée à rompre son Traité avec les Barbaresques,

„ merce (*a*). " Aujourd'hui un Vaisseau neutre qui refuseroit de souffrir la visite, se feroit condamner par cela seul, comme étant de bonne prise. Mais pour éviter les inconvéniens, les vexations & tout abus, on règle, dans les Traités de Navigation & de Commerce, la manière dont la visite se doit faire. Il est reçu aujourd'hui, que l'on doit ajoûter foi aux Certificats, Lettres de mer &c. que présente le Maître du Navire, à moins qu'il n'y paroisse de la fraude, ou qu'on n'ait des bonnes raisons d'en soupçonner.

§. 115. Si l'on trouve sur un Vaisseau neutre des effets appartenants aux Ennemis, on s'en saisit par le droit de la Guerre; mais naturellement on doit payer le frèt au Maître du Vaisseau, qui ne peut souffrir de cette saisie.

§. 116. Les effets des peuples neutres, trouvés sur un Vaisseau ennemi, doivent être rendus aux propriétaires, sur qui on n'a aucun droit de les confisquer; mais sans indemnité pour retard, dépérissement &c. La perte que les propriétaires neutres souffrent en cette occasion, est un accident, auquel ils se sont exposés en chargeant sur un Vaisseau ennemi; & celui qui prend ce Vaisseau en usant du Droit de la Guerre, n'est point responsable des accidens qui peuvent en résulter, non plus que si son canon tuë sur un bord ennemi, un passager neutre, qui s'y rencontre pour son malheur.

(*a*) GROTIUS, ubi suprà.

§. 117. Jusques-ici nous avons parlé du Commerce des peuples neutres avec les Etats de l'Ennemi en général. Il est un cas particulier, où les Droits de la Guerre s'étendent plus loin. Tout Commerce absolument est défendu avec une Ville assiégée. Quand je tiens une Place assiégée, ou seulement bloquée, je suis en droit d'empêcher que personne n'y entre, & de traiter en ennemi quiconque entreprend d'y entrer sans ma permission, ou d'y porter quoi que ce soit: car il s'oppose à mon entreprise, il peut contribuer à la faire échouer, & par là, me faire tomber dans tous les maux d'une Guerre malheureuse. Le Roi DEMETRIUS fit prendre le Maitre & le Pilote d'un Vaisseau, qui portoit des vivres à Athènes, lorsqu'il étoit sur le point de prendre cette Ville par famine (*a*). Dans la longue & sanglante Guerre, que les Provinces-Unies ont soutenuë contre l'Espagne, pour recouvrer leur Liberté, elles ne voulurent point souffrir que les Anglois portassent des Marchandises à Dunkerque, devant laquelle elles avoient une flotte (*b*).

§. 118. Un Peuple neutre conserve avec les deux partis qui se font la guerre, les relations, que la Nature a mises entre les Nations: Il doit être prêt à leur rendre tous les Offices d'humanité, que les Nations se doivent mutuellement; il doit leur donner, dans tout ce qui ne regar-

G 4

(*a*) PLUTARQUE, *in Demetrio.*
(*b*) GROTIUS, dans la note déja citée.

de pas directement la Guerre, toute l'aſſiſtance qui eſt en ſon pouvoir, & dont ils ont beſoin. Mais il doit la donner avec impartialité, c'eſt-à-dire ne rien refuſer à l'un des partis, par la raiſon qu'il fait la guerre (§. 104.): Ce qui n'empêche point que, ſi cet Etat neutre a des relations particulières d'Amitié & de bon voiſinage avec l'un de ceux qui ſe font la guerre, il ne puiſſe lui accorder, dans tout ce qui n'appartient pas à la Guerre, ces préférences, qui ſont duës aux Amis. A plus forte raiſon pourra-t-il, ſans conſéquence, lui continuer dans le Commerce, par exemple, des faveurs ſtipulées dans leurs Traités. Il permettra donc également aux ſujets des deux partis, autant que le bien public pourra le ſouffrir, de venir dans ſon territoire pour leurs affaires, d'y acheter des vivres, des Chevaux, & généralement toutes les choſes dont ils auront beſoin; à moins que par un Traité de Neutralité, il n'ait promis de refuſer à l'un & à l'autre les choſes qui ſervent à la Guerre. Dans toutes les Guerres qui agitent l'Europe, les Suiſſes maintiennent leur Territoire dans la Neutralité: Ils permettent à tout le monde indiſtinctement d'y venir acheter des vivres, ſi le pays en a de reſte, des Chevaux, des Munitions, des Armes.

Le paſſage innocent eſt dû à toutes les Nations avec leſquelles on vit en paix *, & ce devoir s'étend aux Troupes comme aux particuliers.

Mais

* V. le D. d. G. L. II. §. 123.

Mais c'est au Maître du Territoire de juger si le passage est innocent (ibid. §. 128.) & il est très-difficile que celui d'une Armée le soit entièrement. Les Terres de la République de Venise, celles du Pape, dans les dernières Guerres d'Italie, ont souffert de très-grands dommages, par le passage des Armées, & sont devenues souvent le Théatre de la guerre.

§. 120. Le passage des Troupes, & sur-tout d'une Armée entière, n'étant donc point une chose indifférente; celui qui veut passer dans un pays neutre avec des Troupes, doit en demander la permission au Souverain. Entrer dans son territoire sans son aveu, c'est violer les Droits de Souveraineté & de haut Domaine, en vertu desquels, nul ne peut disposer de ce territoire, pour quelque usage que ce soit, sans sa permission, expresse, ou tacite. Or on ne peut présumer une permission tacite, pour l'entrée d'un Corps de Troupes, entrée qui peut avoir des suites si sérieuses.

§. 121. Si le Souverain neutre a des bonnes raisons de refuser le passage, il n'est point obligé de l'accorder; puisqu'en ce cas, le passage n'est plus innocent (*a*).

§. 122. Dans tous les cas douteux, il faut s'en rapporter au jugement du Maître, sur l'innocence de l'usage qu'on demande à faire des choses appartenantes à autrui (*b*), & souffrir son

_____
(*a*) V. le D. d. G. L. II. §. 127.
(*b*) Ibid. L. II. §§. 128.

refus, bien qu'on le croye injuste. Si l'injustice du refus étoit manifeste; si l'usage, &, dans le cas dont nous parlons, le passage étoit indubitablement innocent: une Nation pourroit se faire justice à elle-même, & prendre de force, ce qu'on lui refuseroit injustement. Mais nous l'avons déja dit, il est très difficile que le passage d'une Armée soit entièrement innocent, & qu'il le soit bien évidemment: Les maux qu'il peut causer, les dangers qu'il peut attirer sont si variés, ils tiennent à tant de choses, ils sont si compliqués, qu'il est presque toûjours impossible de tout prévoir, de pourvoir à tout. D'ailleurs, l'intérêt propre influe si vivement dans les jugemens des hommes. Si celui qui demande le passage peut juger de son innocence, il n'admettra aucune des raisons qu'on lui opposera; & vous ouvrez la porte à des querelles, à des hostilités continuelles. La tranquillité & la sûreté commune des Nations exigent donc que chacune soit maîtresse de son territoire, & libre d'en refuser l'entrée à toute Armée étrangère, quand elle n'a point dérogé là-dessus à sa Liberté naturelle par des Traités. Exceptons-en seulement ces cas très-rares, où l'on peut faire voir de la manière la plus évidente, que le passage demandé est absolument sans inconvénient & sans danger. Si le passage est forcé en pareille occasion, on blâmera moins celui qui le force, que la Nation qui s'est attiré mal-à-propos cette violence. Un autre cas s'excepte de lui-même &

sans

sans difficulté, c'est celui d'une extrême nécessité. La nécessité urgente & absoluë suspend tous les droits de Propriété*; & si le maître n'est pas dans le même cas de nécessité que vous, il vous est permis de faire usage, malgré lui, de ce qui lui appartient. Lors donc qu'une Armée se voit exposée à périr, ou ne peut retourner dans son pays, à moins qu'elle ne passe sur des terres neutres; elle est en droit de passer malgré le Souverain de ces terres, & de s'ouvrir un passage l'épée à la main. Mais elle doit demander d'abord le passage, offrir des sûretés, & payer les dommages qu'elle aura causés. C'est ainsi qu'en usèrent les Grecs, en revenant d'Asie, sous la conduite d'AGESILAS (*a*).

L'extrême nécessité peut même autoriser à se saisir pour un tems d'une Place neutre, à y mettre Garnison, pour se couvrir contre l'Ennemi, ou pour le prévenir dans les desseins qu'il a sur cette même Place, quand le maître n'est pas en état de la garder. Mais il faut la rendre, aussitôt que le danger est passé, en payant tous les fraix, les incommodités & les dommages, que l'on aura causés.

§. 123. Quand la nécessité n'exige pas le passage, le seul danger qu'il y a à recevoir chez soi une Armée puissante, peut autoriser à lui refuser l'entrée du pays. On peut craindre qu'il ne lui prenne envie de s'en emparer, ou au moins

d'y

---

* V. le D. d. G. Liv. II. §. 119. & 123.
(*a*) PLUTARQUE, vie d'Agésilas.

d'y agir en maître, d'y vivre à discrétion. Et qu'on ne nous dise point avec Grotius (*a*), que notre crainte injuste ne prive pas de son droit celui qui demande le passage. La crainte probable, fondée sur des bonnes raisons, nous donne le droit d'éviter ce qui peut la réaliser; & la conduite des Nations ne donne que trop de fondement à celle dont nous parlons. D'ailleurs le droit de passage n'est point un droit parfait, si ce n'est dans le cas d'une nécessité pressante, ou lorsque l'innocence du passage est de la plus parfaite évidence.

§. 124. Mais je suppose dans le paragraphe précédent, qu'il ne soit pas praticable de prendre des sûretés capables d'ôter tout sujet de craindre les entreprises & les violences de celui, qui demande à passer. Si l'on peut prendre ces sûretés, dont la meilleure est de ne laisser passer que par petites bandes, & en consignant les armes, comme cela s'est pratiqué (*b*); la raison prise de la crainte ne subsiste plus. Mais celui qui veut passer, doit se prêter à toutes les sûretés raisonnables qu'on exige de lui, & par conséquent, passer par divisions & consigner les armes, si on ne veut pas le laisser passer autrement. Ce n'est point à lui de choisir les sûretés qu'il doit donner. Des Otages, une Caution seroient souvent bien peu capable de rassurer. De quoi me

---

(*a*) Liv. II. Chap. II. §. XIII. n. 5.
(*b*) Chez les Eléens, & chez les anciens habitans de Cologne. Voyez Grotius *ibid*.

me servira-t-il de tenir des Otages de quelqu'un, qui se rendra maître de moi? Et la Caution est bien peu sûre contre un Principal trop puissant.

§. 125. Mais est on toûjours obligé de se prêter à tout ce qu'exige une Nation pour sa sûreté, quand on veut passer sur ses terres? Il faut d'abord distinguer entre les causes du passage, & ensuite on doit faire attention aux mœurs de la Nation à qui on le demande. Si on n'a pas un besoin essentiel du passage, & qu'on ne puisse l'obtenir qu'à des conditions suspectes ou desagréables, il faut s'en abstenir, comme dans le cas d'un refus (§. 122.). Mais si la nécessité m'autorise à passer; les conditions auxquelles on veut me le permettre, peuvent se trouver acceptables, ou suspectes & dignes d'être rejettées, selon les mœurs du peuple à qui j'ai affaire. Supposé que j'aie à traverser les terres d'une Nation barbare, féroce & perfide; me remettrai-je à sa discretion, en livrant mes armes, en faisant passer mes Troupes par divisions? Je ne pense pas que personne me condamne à une démarche si périlleuse. Comme la nécessité m'autorise à passer, c'est encore une espèce de nécessité pour moi, de ne passer que dans une posture à me garentir de toute embuche, de toute violence. J'offrirai toutes les sûretés, que je puis donner sans m'exposer moi-même follement; & si on ne veut pas s'en contenter, je n'ai plus de conseil à prendre que de la nécessi-

té

té & de la prudence: J'ajoûte, & de la modération la plus scrupuleuse; afin de ne point aller au-delà du droit que me donne la nécessité.

§. 126. Si l'Etat neutre accorde ou refuse le passage à l'un de ceux qui sont en guerre, il doit l'accorder ou le refuser de même à l'autre, à moins que le changement des circonstances ne lui fournisse des raisons solides d'en user autrement. Sans des raisons de cette nature, accorder à l'un ce que l'on refuse à l'autre, ce seroit montrer de la partialité & sortir de l'exacte neutralité.

§. 127. Quand je n'ai aucune raison de refuser le passage, celui contre qui il est accordé ne peut s'en plaindre, encore moins en prendre sujet de me faire la guerre; puisque je n'ai fait que me conformer à ce que le Droit des Gens ordonne (§. 119.). Il n'est point en droit non plus d'exiger que je refuse le passage; puisqu'il ne peut m'empêcher de faire ce que je crois conforme à mes devoirs. Et dans les occasions même où je pourrois avec justice refuser le passage, il m'est permis de ne pas user de mon droit. Mais sur-tout, lorsque je serois obligé de soutenir mon refus les armes à la main, qui osera se plaindre de ce que j'ai mieux aimé de laisser aller la Guerre, que de la détourner sur moi? Nul ne peut exiger que je prenne les armes en sa faveur, si je n'y suis pas obligé par un Traité. Mais les Nations, plus attentives à leurs intérêts qu'à l'observation d'une exacte justice,

ſtice, ne laiſſent pas, ſouvent, de faire ſonner bien haut ce prétendu ſujet de plainte. A la Guerre principalement, elles s'aident de tous moyens; & ſi par leurs menaces elles peuvent engager un voiſin à refuſer paſſage à leurs Ennemis, la plûpart de leurs Conducteurs ne voient dans cette conduite qu'une ſage Politique.

§. 128. Un Etat puiſſant bravera ces menaces injuſtes, & ferme dans ce qu'il croit être de ſa juſtice & de ſa gloire, il ne ſe laiſſera point détourner par la crainte d'un reſſentiment mal fondé: Il ne ſouffrira pas même la menace. Mais une Nation foible, peu en état de ſe ſoutenir avec avantage, ſera forcée de penſer à ſon ſalut; & ce ſoin important l'autoriſera à refuſer un paſſage, qui l'expoſeroit à de trop grands dangers.

§. 129. Une autre crainte peut l'y autoriſer encore; c'eſt celle d'attirer dans ſon pays les maux & les déſordres de la Guerre. Car ſi même celui contre qui le paſſage eſt demandé, garde aſſez de modération pour ne pas employer la la menace à le faire refuſer, il prendra le parti de le demander auſſi de ſon côté, il ira au devant de ſon Ennemi; & de cette manière, le pays neutre deviendra le théatre de la Guerre. Les maux infinis qui en réſulteroient, ſont une très-bonne raiſon de refuſer le paſſage. Dans tous ces cas, celui qui entreprend de le forcer, fait injure à la Nation neutre, & lui donne le plus juſte ſujet de joindre ſes armes à celles du parti contraire. Les Suiſſes ont promis à la France,

dans

dans leurs Alliances, de ne point donner passage à ses Ennemis. Ils le refusent constamment à tous les Souverains qui sont en guerre, pour éloigner ce fléau de leurs frontières: Et ils sçavent faire respecter leur Territoire. Mais ils accordent le passage aux recrues, qui passent par petites bandes, & sans armes.

§. 130. La concession du passage comprend celle de tout ce qui est naturellement lié avec le passage des Troupes, & des choses sans lesquelles il ne pourroit avoir lieu: Telles sont la liberté de conduire avec soi tout ce qui est nécessaire à une Armée, celle d'exercer la Discipline Militaire sur les soldats & Officiers, & la permission d'acheter à juste prix les choses dont l'Armée aura besoin; à moins que, dans la crainte de la disette, on n'ait réservé qu'elle portera tous ses vivres avec elle.

§. 131. Celui qui accorde le passage doit le rendre sûr, autant qu'il est en lui. La bonne-foi le veut ainsi: En user autrement, ce seroit attirer celui qui passe dans un piége.

§. 132. Par cette raison, & parceque des Etrangers ne peuvent rien faire dans un Territoire, contre la volonté du Souverain, il n'est pas permis d'attaquer son Ennemi dans un pays neutre, ni d'y exercer aucun autre acte d'hostilité. La Flotte Hollandoise des Indes-Orientales s'étant retirée dans le port de Bergue en Norvège, l'an 1666. pour échapper aux Anglois, l'Amiral ennemi osa l'y attaquer. Mais le Gouverneur

neur de Bergue fit tirer le canon sur les assaillans, & la Cour de Dannemark se plaignit, trop mollement peut-être, d'une entreprise si injurieuse à sa Dignité & à ses Droits. (*a*) Conduire des prisonniers, mener son butin en lieu de sûreté, sont des actes de Guerre; on ne peut donc les faire en pays neutre; & celui qui le permettroit, sortiroit de la neutralité, en favorisant l'un des partis. Mais je parle ici de prisonniers & de butin, qui ne sont pas encore parfaitement en la puissance de l'ennemi, dont la capture n'est pas encore, pour ainsi dire, pleinement consommée: Par exemple, un parti faisant la petite guerre, ne pourra se servir d'un pays voisin & neutre, comme d'un entrepôt, pour y mettre ses prisonniers & son butin en sûreté; le souffrir, ce seroit favoriser & soutenir ses hostilités. Quand la prise est consommée, le butin absolument en la puissance de l'ennemi; on ne s'informe point d'où lui viennent ces effets; ils sont à lui, il en dispose en pays neutre. Un Armateur conduit sa Prise dans le premier port neutre, & l'y vend librement. Mais il ne pourroit y mettre à terre ses prisonniers, pour les tenir captifs; parceque

garder

(*a*) L'Auteur Anglois de l'*Etat présent du Dannemarck* prétend que les Danois avoient donné parole de livrer la Flotte Hollandoise; mais qu'elle fut sauvée par quelques présents, faits à propos à la Cour de Coppenhague. Etat présent du Dannemarck, Chap. X.

Partie I.   H

garder & retenir des prisonniers de guerre, c'est une continuation d'hostilités.

§. 152. D'un autre côté, il est certain que si mon voisin donnoit retraite à mes Ennemis, lorsqu'ils auroient du pire & se trouveroient trop foibles pour m'échapper, leur laissant le tems de se refaire, & d'épier l'occasion de tenter une nouvelle irruption sur mes terres, cette conduite, si préjudiciable à ma sûreté & à mes intérêts, seroit incompatible avec la Neutralité. Lors donc que mes Ennemis battus se retirent chez lui; si la charité ne lui permet pas de leur refuser passage & sûreté, il doit les faire passer outre, le plus tôt possible, & ne point souffrir qu'ils se tiennent aux aguets pour m'attaquer de nouveau; autrement, il me met en droit de les aller chercher dans ses terres. C'est ce qui arrive aux Nations qui ne sont pas en état de faire respecter leur Territoire: Le théatre de la Guerre s'y établit bien-tôt: On y marche, on y campe, on s'y bat, comme dans un pays ouvert à tous venants.

§. 134. Les Troupes à qui l'on accorde passage, doivent éviter de causer le moindre dommage dans le pays, suivre les routes publiques, ne point entrer dans les possessions des particuliers, observer la plus exacte Discipline, payer fidèlement tout ce qu'on leur fournit. Et si la licence du soldat, ou la nécessité de certaines opérations, comme de camper, de se retrancher,

ont

ont causé du dommage; celui qui les commande, ou leur Souverain, doit le réparer. Tout cela n'a pas besoin de preuve. De quel droit causeroit-on des pertes à un pays, où l'on n'a pû demander qu'un passage *innocent?*

Rien n'empêche qu'on ne puisse convenir d'une somme, pour certains dommages, dont l'estimation est difficile, & pour les incommodités que cause le passage d'une Armée. Mais il seroit honteux de vendre la permission même de passer, & de plus, injuste, quand le passage est sans aucun dommage; puisqu'il est dû en ce cas. Au reste le Souverain du pays doit veiller à ce que le dommage soit payé aux sujets qui l'on souffert, & nul Droit ne l'autorise à s'approprier ce qui est donné pour leur indemnité. Il arrive trop souvent que les foibles souffrent la perte, & que les puissans en reçoivent le dédommagement.

§. 135. Enfin, le passage, même *innocent*, ne pouvant être dû que pour de justes causes, on peut le refuser à celui qui le demande pour une guerre manifestement injuste: comme, par exemple, pour envahir un pays, sans raison, ni prétexte. Ainsi JULES-CESAR refusa le passage aux Helvétiens, qui quittoient leur pays pour en conquérir un meilleur. Je pense bien que la Politique eut plus de part à son refus que l'amour de la Justice: Mais enfin, il put, en cette occasion, suivre avec justice les maximes de sa prudence. Un Souverain qui se voit en état de refuser sans crainte, doit sans-doute le faire, dans le cas dont nous parlons. Mais s'il y a du péril à refuser, il n'est point obligé d'attirer un danger sur sa tête, pour en garentir celle d'un autre; & même il ne doit pas témérairement exposer son peuple.

CHAPITRE VIII.

Du Droit des Nations dans la Guerre, & 1°. De ce qu'on est en droit de faire & de ce qui est permis, dans une Guerre juste, contre la personne de l'Ennemi?

§. 136.

Tout ce que nous avons dit jusques-ici, se rapporte au Droit de faire la Guerre; passons maintenant au Droit qui doit règner dans la Guerre même, aux règles que les Nations sont obligées d'observer entre-elles, lors même qu'elles ont pris les armes pour vuider leurs différends. Commençons par exposer les droits de celle qui fait une Guerre juste ; voyons ce qui lui est permis contre son Ennemi? Tout cela doit se déduire d'un seul principe, du but de la Guerre juste. Car dès qu'une fin est légitime, celui qui a droit de tendre à cette fin, est en droit par cela-même, d'employer tous les

PREMIERE PARTIE. CHAPITRE VIII. 115

les moyens, qui sont nécessaires pour y arriver. Le but d'une Guerre juste est *de venger, ou de prévenir l'injure*; (§. 28.) c'est-à-dire de se procurer par la force, une justice, que l'on ne peut obtenir autrement, de contraindre un injuste à réparer l'injure déja faite, ou à donner des sûretés, contre celle dont on est menacé de sa part. Dès que la Guerre est déclarée, on est donc en droit de faire contre l'Ennemi tout ce qui est nécessaire pour atteindre à cette fin, pour le mettre à la raison, pour obtenir de lui justice & sûreté.

§. 137. La fin légitime ne donne un véritable droit qu'aux seuls moyens nécessaires pour obtenir cette fin : Tout ce qu'on fait au-delà est réprouvé par la Loi Naturelle, vicieux & condamnable au Tribunal de la Conscience. De là vient que le droit à tels ou tels actes d'hostilité, varie suivant les circonstances. Ce qui est juste & parfaitement innocent dans une guerre, dans une situation particulière, ne l'est pas toûjours en d'autres occasions : Le droit suit pas-à-pas le besoin, l'exigence du cas; il n'en passe point les bornes.

Mais comme il est très-difficile de juger toûjours avec précision de ce qu'exige le cas présent, & que d'ailleurs il appartient à chaque Nation de juger de ce que lui permet sa situation particulière; il faut nécessairement que les Nations s'en tiennent entre elles, sur cette matière, à des à des règles générales. Ainsi, dès qu'il est certain & bien reconnu, que tel moyen, tel acte d'hostilité est nécessaire, dans sa généralité, pour surmonter la résistance de l'Ennemi & atteindre le but d'une guerre légitime ; ce moyen, pris ainsi en général, passe pour légitime & honnête dans la Guerre, suivant le Droit des Gens, quoique celui qui l'employe sans nécessité, lorsque des moyens plus doux pouvoient lui suffire, ne soit point innocent devant Dieu & dans sa Conscience. Voilà ce qui établit la différence de ce qui est juste, équitable, irrépréhensible dans la Guerre, & de ce qui est seulement permis, ou impuni entre les Nations. Le Souverain qui voudra conserver sa Conscience pure, remplir exactement les devoirs de l'humanité, ne doit jamais perdre de vuë ce que nous avons déja dit plus d'une fois, que la Nature ne lui accorde le droit de faire la guerre à ses semblables que par nécessité, & comme un remède, toûjours facheux, mais souvent nécessaire, contre l'injustice opiniâtre, ou contre la violence. S'il est pénétré de cette grande vérité, il ne portera point le remède au-delà de ses justes bornes, & se gardera bien de le rendre plus dur & plus funeste à l'humanité, que le soin de sa propre sûreté & la défense de ses droits ne l'exigent.

§. 138. Puisqu'il s'agit, dans une juste guerre, de dompter l'injustice & la violence, de contraindre par la force, celui qui est sourd à la

voix

voix de la justice; on est en droit de faire contre l'Ennemi tout ce qui est nécessaire pour l'affoiblir & pour le mettre hors d'état de résister, de soutenir son injustice; & l'on peut choisir les moyens les plus efficaces, les plus propres à cette fin, pourvû qu'ils n'ayent rien d'odieux, qu'ils ne soient pas illicites en eux-mêmes & proscrits par la Loi de la Nature.

§. 139. L'Ennemi qui m'attaque injustement, me met sansdoute en droit de repousser sa violence; & celui qui m'oppose ses armes, quand je ne demande que ce qui m'est dû, devient le véritable Aggresseur, par son injuste résistance: Il est le prémier auteur de la violence, & il m'oblige à user de force, pour me garentir du tort qu'il veut me faire, dans ma personne ou dans mes biens. Si les effets de cette force vont jusqu'à lui ôter la vie, lui seul est coupable de ce malheur. Car si, pour l'épargner, j'étois obligé de souffrir l'injure; les bons seroient bien-tôt la proie des méchants. Telle est la source du droit de tuer les Ennemis, dans une Guerre juste. Lorsqu'on ne peut vaincre leur résistance & les réduire, par des moyens plus doux, on est en droit de leur ôter la vie. Sous le nom d'Ennemis, il faut comprendre, comme nous l'avons expliqué, non-seulement le prémier Auteur de la Guerre, mais aussi tous ceux qui se joignent à lui & qui combattent pour sa Cause.

H 4 §. 140.

§. 140. Mais la manière même dont se démontre le droit de tuer les ennemis, marque les bornes de ce droit. Dès qu'un ennemi se soumet & rend les armes, on ne peut lui ôter la vie. On doit donc donner quartier à ceux qui posent les armes dans un combat; & quand on assiège une Place, il ne faut jamais refuser la vie sauve à la Garnison, qui offre de capituler. On ne peut trop louer l'humanité avec laquelle la plûpart des Nations de l'Europe font la guerre aujourd'hui. Si quelquefois, dans la chaleur de l'action, le soldat refuse quartier, c'est toûjours malgré les Officiers, qui s'empressent à sauver la vie aux ennemis désarmés.

§. 141. Il est un cas cependant, où l'on peut refuser la vie à un ennemi qui se rend, & toute Capitulation à une Place aux abois; c'est lorsque cet ennemi s'est rendu coupable de quelque attentat énorme contre le Droit des Gens, & en particulier lorsqu'il a violé les Loix de la Guerre. Le refus qu'on lui fait de la vie, n'est point une suite naturelle de la Guerre, c'est une punition de son crime; punition que l'offensé est en droit d'infliger. Mais pour que la peine soit juste, il faut qu'elle tombe sur le coupable. Quand on a la guerre avec une Nation féroce, qui n'observe aucunes règles, qui ne sçait point donner de quartier; on peut la châtier dans la personne de ceux que l'on saisit, (s'ils sont du nombre des coupables,) & essayer par cette rigueur,

gueur, de la ramener aux Loix de l'humanité. Mais par-tout où la sévérité n'est pas obsolument nécessaire, on doit user de clémence. Corinthe fut détruite, pour avoir violé le Droit des Gens en la personne des Ambassadeurs Romains : CICERON & d'autres grands hommes n'ont pas laissé de blâmer cette rigueur. Celui qui a même le plus juste sujet de punir un Souverain, son ennemi, sera toûjours accusé de cruauté, s'il fait tomber la peine sur le peuple innocent. Il a d'autres moyens de punir le Souverain ; il peut lui ôter quelques droits, lui enlever des villes & des provinces. Le mal qu'en souffre toute la Nation, est alors une participation inévitable pour ceux qui s'unissent en Société Politique.

§. 142. Ceci nous conduit à parler d'une espèce de rétorsion, qui se pratique quelquefois à la guerre, & que l'on nomme *Représailles*. Le Général ennemi aura fait pendre, sans juste sujet, quelques prisonniers ; on en fait pendre le même nombre des siens, & de la même qualité, en lui notifiant, que l'on continuera à lui rendre ainsi la pareille, pour l'obliger à observer les Loix de la Guerre. C'est une terrible extrémité, que de faire périr ainsi misérablement un prisonnier, pour la faute de son Général ; & si on a déja promis la vie à ce prisonnier, on ne peut sans injustice exercer la répresaille sur lui. Cependant, comme un Prince, ou son Géné-

Général est en droit de sacrifier la vie de ses ennemis à sa sûreté & à celle de ses Gens; il semble que s'il a affaire à un Ennemi inhumain, qui s'abandonne souvent à de pareils excès, il peut refuser la vie à quelques-uns des prisonniers qu'il fera, & les traiter comme on aura traité les siens. Mais il vaut mieux imiter la générosité de Scipion: Ce Grand-homme, ayant soumis des Princes Espagnols, qui s'étoient révoltés contre les Romains, leur déclara, qu'il ne s'en prendroit point à d'innocents Otages, mais à eux-mêmes, s'ils lui manquoient; & qu'il ne se vengeroit pas sur des ennemis desarmé, mais sur ceux qui auroient les armes à la main. (*a*) ALEXANDRE le Grand ayant à se plaindre des mauvaises pratiques de DARIUS, lui fit dire, que s'il faisoit la guerre de cette manière, il le poursuivroit à outrance, & ne lui feroit point de quartier. (*b*) Voilà comment il faut arrêter un Ennemi qui viole les Loix de la Guerre, & non en faisant tomber la peine de son crime sur d'innocentes victimes.

§. 142. Comment a-t-on pû s'imaginer, dans un siécle éclairé, qu'il est permis de punir de mort un Commandant, qui a défendu sa Place jusqu'à la dernière extrémité, ou celui qui,

---

(*a*) *Neque se in obsides innoxios, sed in ipsos, si defecerint, sæviturum: nec ab inermi, sed ab armato hoste pœnas expetiturum.* TIT. LIV. Lib. XXVIII.

(*b*) QUINT. CURT. Lib. IV. cap. I. & cap. XI.

qui, dans une mauvaise Place, aura osé tenir contre une Armée Royale ? Cette idée régnoit encore dans le dernier siécle, on en faisoit une prétenduë Loi de la Guerre; & on n'en est pas entiérement revenu aujourd'hui. Quelle idée, de punir un brave-homme, parce qu'il aura fait son devoir! ALEXANDRE le Grand étoit dans d'autres principes, quand il commanda d'épargner quelques Milésiens, *à cause de leur bravoure, de leur fidelité*. (a) PHYTON se voyant mener au supplice, ,, par ordre de DENIS le Tyran, ,, parce qu'il avoit défendu opiniâtrément la ,, ville de Rhégium, dont il étoit Gouverneur, ,, s'écria, qu'on le faisoit mourir injustement, ,, pour n'avoir pas voulu trahir la Ville, & que ,, le Ciel vengeroit bientôt sa mort." DIODORE DE SICILE appelle cela une injuste punition. (b) En vain objecteroit-on qu'une défense opiniâtre, *& sur-tout dans une mauvaise* Place, contre une Armée Royale, ne sert qu'à faire verser du sang. Cette défense peut sauver l'Etat, en arrêtant l'Ennemi quelques jours de plus; & puis, la Valeur supplée aux défauts des fortifications. Le Chevalier BAYARD s'étant jetté dans Méziéres, la défendit avec son intrépidité ordinaire, (c) & fit bien voir qu'un vaillant-

―――――――――――

(a) ARRIAN. De Exped. Alex. Lib. I. Cap. XX.
(b) Lib. XIV. cap. 113. cité par GROTIUS Liv. III. Chap. XI. §. XVI. n. 5.
(c) Voyez sa Vie.

lant-homme est capable quelquefois de sauver une Place, qu'un autre ne trouveroit pas tenable. L'histoire du fameux siége de Malte nous apprend encore, jusqu'où des gens de cœur peuvent soutenir leur défense, quand ils y sont bien résolus. Combien de Places se sont rendues, qui auroient pû arrêter encore long-tems l'Ennemi, lui faire consumer ses forces & le reste de la Campagne; lui échapper même, par une défense mieux soutenuë & plus vigoureuse? Dans la dernière Guerre, tandis que les plus fortes Places des Pays-bas tomboient en peu de jours, nous avons vû le brave Général de LEUTRUM défendre Coni contre les efforts de deux Armées puissantes, tenir, dans un poste si médiocre, quarante jours de tranchée ouverte, sauver sa Place, & avec elle tout le Piedmont. Si vous insistez, en disant, qu'en menaçant un Commandant de la mort, vous pouvez abréger un siége meurtrier, épargner vos Troupes, & gagner un tems précieux; je répons qu'un brave-homme se moquera de votre menace, ou que, piqué d'un traitement si honteux, il s'ensevelira sous les ruines de sa Place, vous vendra cher sa vie, & vous fera payer votre injustice. Mais quand il devroit vous revenir un grand avantage d'une conduite illégitime, elle ne vous est pas permise pour cela. La menace d'une peine injuste, est injuste elle-même; c'est une insulte & une injure. Mais sur-tout il seroit horrible & barbare barè de l'exécuter: Et si l'on convient qu'elle ne peut être suivie de l'effet, elle est vaine & ridicule. Vous pouvez employer des moyens justes & honnêtes, pour engager un Gouverneur à ne pas attendre inutilement la dernière extrémité; & c'est aujourd'hui l'usage des Généraux sages & humains: On somme un Gouverneur de se rendre, quand il en est tems; on lui offre une Capitulation honorable & avantageuse, en le menaçant, que s'il attend trop tard, il ne sera plus reçû que prisonnier de Guerre, ou à discrétion. S'il s'opiniâtre, & qu'enfin il soit forcé de se rendre à discrétion, on peut user contre lui & ses gens de toute la rigueur du Droit de la Guerre. Mais ce Droit ne s'étend jamais jusqu'à ôter la vie à un Ennemi qui pose les armes, (§. 140.) à moins qu'il ne se soit rendu coupable de quelque crime envers le Vainqueur. (§. 141.)

La résistance poussée à l'extrémité, ne devient punissable dans un subalterne, que dans les seules occasions, où elle est manifestement inutile: C'est alors opiniâtreté, & non fermeté, ou valeur. La véritable Valeur a toûjours un but raisonnable. Supposons, par exemple, qu'un Etat soit entièrement soumis aux armes du Vainqueur, à l'exception d'une seule Forteresse; & qu'il n'y ait aucun secours à attendre du dehors, aucun Allié, aucun Voisin, qui s'intéresse à sauver le reste de cet Etat conquis: On doit
alors

alors faire sçavoir au Gouverneur l'état des choses, le sommer de rendre sa Place; & on peut
le menacer de la mort, s'il s'obstine à une défense absolument inutile, & qui ne peut tendre
qu'à l'effusion du sang humain. Demeure-t-il
inébranlable? il mérite de souffrir la peine,
dont il a été menacé avec justice. Je suppose
que la justice de la Guerre soit problématique,
& qu'il ne s'agisse pas de repousser une oppression
insupportable. Car si ce Gouverneur soutient
évidemment la bonne Cause, s'il combat pour
sauver sa Patrie de l'esclavage: on plaindra son
malheur; les gens de cœur le loueront, de ce
qu'il tient ferme jusqu'au bout, & veut mourir
libre.

§. 144. Les Transfuges & les Déserteurs,
que le Vainqueur trouve parmi ses Ennemis, se
sont rendus coupables envers lui : il est sans-
doute en droit de les punir de mort ; mais on
ne les considére pas proprement comme des
Ennemis ; ce sont plûtôt des Citoyens perfides,
traîtres à leur Patrie; & leur engagement avec
l'Ennemi ne peut leur faire perdre cette qualité,
ni les soustraire à la peine qu'ils ont méritée.
Cependant aujourd'hui, que la désertion est
malheureusement si commune, le nombre des
coupables oblige en quelque sorte à user de clémence; & dans les Capitulations, il est fort
ordinaire d'accorder à la Garnison, qui sort
d'une Place, un certain nombre de Chariôts

cou-

couverts, dans lesquels elle sauve les Déserteurs.

§. 145. Les femmes, les enfans, les vieillards infirmes, les malades, sont au nombre des ennemis, (§§. 70. & 72.) & l'on a des droits sur eux, puis qu'ils appartiennent à la Nation avec laquelle on est en guerre, & que de Nation à Nation, les droits & les prétentions affectent le Corps de la Société avec tous ses membres.* Mais ce sont des Ennemis qui n'opposent aucune résistance ; & par conséquent, on n'a aucun droit de les maltraiter en leur personne, d'user contre eux de violence, beaucoup moins de leur ôter la vie. (§. 140.) Il n'est point aujourd'hui de Nation un peu civilisée qui ne reconnoisse cette maxime de justice & d'humanité. Si quelquefois le soldat furieux & effréné se porte à violer les filles & les femmes, ou a les tuer, à massacrer les enfans & les vieillards, les Officiers gémissent de ces excès, ils s'empressent à les réprimer, & même un Général sage & humain les punit quand il le peut. Mais si les femmes veulent être absolument épargnées, elles doivent se tenir dans les fonctions de leur séxe, & ne point se mêler du métier des hommes, en prenant les armes. Aussi la Loi Militaire des Suisses, qui défend de maltraiter les femmes, excepte-t-elle

for-

* V. le D. d. G. L. II. §§. 81. 82. & 344.

formellement celles qui auront commis des actes d'hostilité. (a)

J'en dis autant des Ministres publics de la Religion, des Gens de Lettres & autres personnes, dont le genre de vie est fort éloigné du métier des armes. Non que ces gens-là, ni même les Ministres des Autels, ayent nécessairement & par leur emploi, aucun Caractère d'inviolabilité, ou que la Loi Civile puisse le leur donner par rapport à l'Ennemi ; mais comme ils n'opposent point la force ou la violence à l'Ennemi, ils ne lui donnent aucun droit d'en user contre eux. Chez les anciens Romains, les Prêtres portoient les armes ; JULES-CESAR lui-même étoit Grand-Pontife ; & parmi les Chrétiens, on a vû souvent des Prélats, des Evêques & des Cardinaux, endosser la Cuirasse & commander les Armées. Dès-lors ils s'assujettissoient au sort commun des Gens de Guerre : Lorsqu'ils combattoient, ils ne prétendoient pas sans-doute être inviolables.

§. 14. Autrefois tout homme capable de porter les armes devenoit soldat, quand sa Nation faisoit la guerre, & sur-tout quand elle étoit attaquée. Cependant GROTIUS (b) allègue l'exemple de divers peuples & de plusieurs grands-hommes de guerre, (c) qui ont épargné les Labou-

---

(a) Voyez SIMLER, *de Republ. Helvet.*
(b) Liv. III. Chap. XI. §. XI.
(c) CYRUS, BELISAIRE.

Laboureurs, en considération de leur travail, si utile au genre humain. Aujourd'hui la guerre se fait par les Troupes règlées: le peuple, les paysans, les bourgeois ne s'en mêlent point; & pour l'ordinaire, ils n'ont rien à craindre du fer de l'Ennemi. Pourvû que les habitans se soumettent à celui qui est maître du pays, qu'ils payent les contributions imposées, & qu'ils s'abstiennent de toute hostilité, ils vivent en sûreté, comme s'ils étoient amis; ils conservent même ce qui leur appartient; les paysans viennent librement vendre leurs denrées dans le Camp, & on les garentit autant qu'il se peut des calamités de la Guerre. Louable Coûtume, bien digne de Nations qui se piquent d'humanité, & avantageuse à l'Ennemi même qui use de cette modération ! Celui qui protége les habitans désarmés, qui retient ses soldats sous une sévère Discipline, & qui conserve le pays, y trouve lui même une subsistance aisée, & s'épargne bien des maux & des dangers. S'il a quelque raison de se défier des paysans & des bourgeois, il est en droit de les désarmer, d'exiger d'eux des Otages; & ceux qui veulent s'épargner les calamités de la Guerre, doivent se soumettre aux Loix que l'Ennemi leur impose.

§. 148. Mais tous ces ennemis vaincus, ou désarmés, que l'humanité oblige d'épargner, toutes ces personnes qui appartiennent à la Nation ennemie, même les femmes & les enfans, on est en droit de les arrêter & de les faire prisonniers, soit pour les empêcher de reprendre les armes, soit dans la vûe d'affoiblir l'Ennemi, (§. 138.) soit enfin qu'en se saisissant de quelque femme ou de quelque enfant cher au Souverain, on se propose de l'amener à des conditions de paix équitables, pour délivrer ces gages précieux. Il est vrai qu'aujourd'hui, entre les Nations polies de l'Europe, ce dernier moyen n'est guères mis en usage. On accorde aux enfans & aux femmes une entière sûreté, & toute liberté de se retirer où elles veulent. Mais cette modération, cette politesse, louable sans-doute, n'est pas en elle-même absolument obligatoire; & si un Général veut s'en dispenser, on ne l'accusera point de manquer aux Loix de la Guerre: Il est le maître d'agir à cet égard, comme il le trouve à propos pour le bien de ses affaires. S'il refuse cette liberté aux femmes, sans raison & par humeur, il passera pour un homme dur & brutal; on le blâmera de ne point suivre un usage, établi par l'humanité. Mais il peut avoir de bonnes raisons de ne point écouter ici la politesse, ni même les impressions de la pitié : Si l'on espère de réduire par la famine, une Place forte, dont il est très-important de s'emparer, on refuse d'en laisser sortir les bouches inutiles. Il n'y a rien là qui ne soit autorisé par le Droit de la Guerre. Cependant on a vû de grands hommes, touchés de compassion, en des occasions de cette nature,

céder

céder aux mouvemens de l'humanité, contre leurs intérêts. Nous avons parlé ailleurs de ce que fit Henri le Grand, pendant le siége de Paris. Joignons à ce bel exemple, celui de Titus au siége de Jérusalem. Il voulut d'abord repousser dans la Ville les affamés qui en sortoient : Mais il ne put tenir contre la pitié que lui inspiroient ces misérables ; les sentimens d'un cœur sensible & généreux, prévalurent sur les maximes du Général.

§. 149. Dès que votre ennemi est désarmé & rendu, vous n'avez plus aucun droit sur sa vie, (§. 140.) à moins qu'il ne vous le donne par quelque attentat nouveau, ou qu'il ne se fût auparavant rendu coupable envers vous d'un crime digne de mort. (§. 141.) C'étoit donc autrefois une erreur affreuse, une prétention injuste & féroce, de s'attribuer le droit de faire mourir les prisonniers de guerre, même par la main d'un bourreau. Depuis long-tems on est revenu à des principes plus justes & plus humains. Charles I. Roi de Naples, ayant vaincu & fait prisonnier Conradin son Compétiteur, le fit décapiter publiquement à Naples, avec Frideric d'Autriche, prisonnier comme lui. Cette barbarie fit horreur, & Pierre III. Roi d'Arragon la reprocha au cruel Charles, comme un crime détestable & jusqu'alors inouï entre Princes Chrétiens. (*a*) Cependant il s'agissoit d'un Rival dangereux, qui lui disputoit la

(*a*) Epist. Petr. Arrag. *apud* Petr. de Vineis.

la Couronne. Mais, en suppofant même que les prétentions de ce Rival fuffent injuftes, Charles pouvoit le retenir en prifon, jusqu'à-ce qu'il y eût renoncé, & qu'il lui eût donné des fûretés pour l'avenir.

§. 150. On eft en droit de s'affûrer de fes prifonniers, &, pour cet effet, de les enfermer, de les lier même, s'il y a lieu de craindre qu'ils ne fe révoltent, ou qu'ils ne s'enfuïent: Mais rien n'autorife à les traiter durement, à moins qu'ils ne fe fuffent rendus perfonnellement coupables envers celui qui les tient en fa puiffance. En ce cas, il eft le maître de les punir. Hors de là, il doit fe fouvenir qu'ils font hommes & malheureux. Un grand cœur ne fent plus que de la compaffion pour un Ennemi vaincu & foumis. Donnons aux peuples de l'Europe la louange qu'ils méritent: Il eft rare que les prifonniers de guerre foient & maltraités parmi eux. Nous louons, nous aimons les Anglois & les Francois, quand nous entendons le récit du traitement que les prifonniers de guerre ont éprouvé de part & d'autre, chez ces généreufes Nations. On va plus loin encore, & par un ufage, qui relève également l'honneur & l'humanité des Européens, un Officier prifonnier de Guerre, eft renvoyé fur fa parole; il a la confolation de paffer le tems de fa prifon dans fa Patrie, au fein de fa famille; & celui qui l'a relâché, fe tient auffi fûr de lui, que s'il le retenoit dans les fers.

§. 151.

§. 151. On eût pû former autrefois une question embarrassante. Lorsqu'on a une si grande multitude de prisonniers, qu'il est impossible de les nourrir, ou de les garder avec sûreté, sera-t-on en droit de les faire périr, ou les renverra-t-on fortifier l'Ennemi, au risque d'en être accablé dans une autre occasion ? Aujourd'hui la chose est sans difficulté : on renvoie ces prisonniers sur leur parole, en leur imposant la loi de ne point reprendre les armes, jusqu'à un certain tems, ou jusqu'à la fin de la Guerre. Et comme il faut nécessairement que tout Commandant soit en pouvoir de convenir des conditions, auxquelles l'Ennemi le reçoit à composition ; les engagemens qu'il a pris, pour sauver sa vie, ou sa liberté, & celle de sa Troupe, sont valides, comme faits dans les termes de ses pouvoirs, (§. 19. & suiv.) & son Souverain ne peut les annuller. Nous en avons vû divers exemples dans le cours de la dernière Guerre : Plusieurs Garnisons Hollandoises ont subi la loi de ne point servir contre la France & ses Alliés, pendant une, ou deux années; un Corps de Troupes Françoises investi dans Lintz, fut renvoyé en deça du Rhin, à condition de ne point porter les armes contre la Reine de Hongrie, jusqu'à un tems marqué. Les Souverains de ces Troupes, ont respecté leurs engagemens. Mais ces sortes de Conventions ont des bornes ; & ces bornes consistent à ne point donner atteinte aux droits du Souverain sur ses sujets. Ainsi l'Ennemi peut bien imposer aux prisonniers qu'il relâche, la condition de ne point porter les armes contre lui, jusqu'à la fin de la Guerre, puisqu'il feroit en droit de les retenir en prifon jufqu'alors : Mais il n'a point le droit d'exiger qu'ils renoncent pour toûjours à la liberté de combattre pour la Patrie ; parceque, la Guerre finie, il n'a plus de raifon de les retenir : Et eux, de leur côté, ne peuvent prendre un engagement, abfolument contraire à leur qualité de Citoyens ou de fujets. Si la Patrie les abandonne, ils font libres, & en droit de renoncer auffi à elle.

Mais fi nous avons affaire à une Nation également féroce, perfide & formidable, lui renverrons-nous des foldats, qui, peut-être, la mettront en état de nous détruire ? Quand notre fûreté fe trouve incompatible avec celle d'un Ennemi, même foumis, il n'y a pas à balancer. Mais pour faire périr de fang-froid un grand nombre de prifonniers, il faut, 1°. qu'on ne leur ait pas promis la vie, & 2°. nous devons bien nous affûrer que notre falut exige un pareil facrifice. Pour peu que la prudence permette, ou de fe fier à leur parole, ou de méprifer leur mauvaife-foi, un Ennemi généreux écoutera plûtôt la voix de l'humanité, que celle d'une timide circonfpection. CHARLES XII. embarraffé de fes prifonniers, après la bataille de *Narva*, fe contenta de les défarmer, & les renvoya libres. Son Ennemi, pénétré encore de la crainte que lui avoient donnée des Guerriers redoutables, fit conduire en Sibérie les prifonniers de *Pultowa*. Le Héros Suédois fut trop
plein

plein de confiance, dans sa générosité: L'habile Monarque de Russie fut, peut-être, un peu dur, dans sa prudence. Mais la nécessité excuse la dureté, ou plûtôt elle la fait disparoître. Quand l'Amiral ANSON eut pris, auprès de Manille, le riche Gallion d'Acapulco, il vit que ses prisonniers surpassoient en nombre tout son Equipage: Il fut contraint de les enfermer à fond-de-cale, où ils souffrirent des maux cruels. (a) Mais s'il se fût exposé à se voir enlevé lui-même, avec sa prise & son propre Vaisseau, l'humanité de sa conduite en eût-elle justifié l'imprudence? A la Bataille d'*Azincour*, HENRI V. Roi d'Angleterre se trouva, après sa victoire, ou crut se trouver, dans la cruelle nécessité de sacrifier les prisonniers à sa propre sûreté. ,,Dans cette dé-
,, route universelle, dit le P. DANIEL, il arriva
,, un nouveau malheur, qui coûta la vie à un
,, grand nombre de François. Un reste de
,, l'avant-garde Francoise se retiroit avec quel-
,, que ordre, & plusieurs s'y ralliaient. Le Roi
,, d'Angleterre les voyant de dessus une hauteur,
,, crut qu'ils vouloyent revenir à la charge. On
,, lui vint dire en même-temps qu'on attaquoit
,, son camp, où il avoit laissé ses bagages.
,, C'étoit en effet quelques Gentilshommes Pi-
,, cards, qui ayant armé environ six cens pay-
,, sans, étoient venus fondre sur le camp Anglois.
,, Ce Prince craignant quelque fâcheux retour,
,, envoya des Aides de camp dans tous les quar-
,, tiers de l'Armée, porter ordre de faire main

I 4 ,, basse

(a) Voyez la Rélation de son Voyage.

„ basse sur tous les prisonniers ; de peur que si
„ le combat recommençoit, le soin de les gar-
„ der n'embarrassât ses soldats, & que ces pri-
„ sonniers ne se rejoignissent à leurs gens.
„ L'ordre fut exécuté sur le champ, & on les
„ passa tous au fil de l'épée. (*a*) „ La plus grande nécessité peut seule justifier une exécution si terrible ; & on doit plaindre le Général qui se trouve dans le cas de l'ordonner.

§. 152. Peut-on réduire en esclavage les prisonniers de guerre? Oui, dans les cas où l'on est en droit de les tuer; lorsqu'ils se sont rendus personnellement coupables de quelque attentat digne de mort. Les Anciens vendoient pour l'esclavage leurs prisonniers de guerre ; ils se croyoient en droit de les faire périr. En toute occasion, où je ne puis innocemment ôter la vie à mon prisonnier, je ne suis pas en droit d'en faire un Esclave. Que si j'épargne ses jours, pour le condamner à un sort si contraire à la nature de l'homme ; je ne fais que continuer avec lui l'état de Guerre: Il ne me doit rien. Qu'est-ce que la vie, sans la Liberté? Si quelqu'un regarde encore la vie comme une faveur, quand on la lui donne avec des chaines; à la bonne-heure! qu'il accepte le bienfait, qu'il se soumette à sa condition, & qu'il en remplisse les devoirs! Mais qu'il les étudie ailleurs: Assez d'Auteurs en ont traité fort au long. Je n'en dirai pas d'avantage: Aussi bien cet opprobre de l'humanité est-il heureusement banni de l'Europe.

§. 153.

(*a*) Histoire de France, Règne de CHARLES VI.

§. 153. On retient donc les prisonniers de guerre, ou pour empêcher qu'ils n'aillent se rejoindre aux Ennemis, ou pour obtenir de leur Souverain une juste satisfaction, comme le prix de leur liberté. Ceux que l'on retient dans cette dernière vuë, on n'est obligé de les relâcher, qu'après avoir obtenu satisfaction : Par rapport à la prémière vuë, quiconque fait une Guerre juste, est en droit de retenir ses prisonniers, s'il le juge à propos, jusqu'à la fin de la guerre; & lorsqu'il les relâche, il peut avec justice exiger une rançon, soit à titre de dédommagement, à la paix, soit, si la guerre continuë, pour affoiblir au moins les finances de son Ennemi, en même-tems qu'il lui renvoie des soldats. Les Nations de l'Europe, toûjours louables dans le soin qu'elles prennent d'adoucir les maux de la guerre, ont introduit, à l'égard des prisonniers, des usages humains & salutaires. On les échange, ou on les rachette, même pendant la guerre, & on a soin ordinairement de règler cela d'avance, par un Cartel. Cependant, si une Nation trouve un avantage considérable à laisser ses soldats prisonniers entre les mains de l'Ennemi, pendant la guerre, plûtôt que de lui rendre les siens; rien n'empêche qu'elle ne prenne le parti le plus convenable à ses intérêts, si elle ne s'est point liée par un Cartel. Ce seroit le cas d'un Etat abondant en hommes, & qui auroit la guerre avec une Nation beaucoup plus redoutable par la valeur que par le nombre de ses soldats.

dats. Il eût peu convenu au Czar PIERRE le Grand de rendre aux Suédois leurs prisonniers, pour un nombre égal de Russes.

§. 154. Mais l'Etat est obligé de délivrer, à ses dépens, ses Citoyens & Soldats prisonniers de guerre, dès qu'il peut le faire sans danger, & qu'il en a les moyens. Ils ne sont tombés dans l'infortune, que pour son service & pour sa Cause. Il doit, par la même raison, fournir aux frais de leur entretien, pendant leur prison. Autrefois les prisonniers de guerre étoient obligés de se rachetter eux-mêmes ; mais aussi la rançon de ceux que les soldats ou les Officiers pouvoient prendre, leur appartenoit. L'usage moderne est plus conforme à la raison & à la justice. Si l'on ne peut delivrer les prisonniers pendant la guerre, au moins faut-il, s'il est possible, stipuler leur Liberté dans le Traité de paix. C'est un soin, que l'Etat doit à ceux qui se sont exposés pour lui. Cependant il faut convenir, que toute Nation peut, à l'exemple des Romains, & pour exciter les soldats à la plus vigoureuse résistance, faire une Loi, qui défende de racheter jamais les prisonniers de guerre. Dès que la Société entière en est ainsi convenuë, personne ne peut se plaindre. Mais la Loi est bien dure, & elle ne pouvoit guères convenir qu'à ces Héros ambitieux, résolus de tout sacrifier, pour devenir les Maitres du Monde.

§. 155.

§. 155. Puisque nous traitons dans ce Chapitre, des Droits que donne la Guerre contre la personne de l'Ennemi ; c'est ici le lieu d'examiner une question célébre, sur laquelle les Auteurs se sont partagés. Il s'agit de sçavoir, si l'on peut légitimement employer toute sorte de moyens, pour ôter la vie à un ennemi ? s'il est permis de le faire assassiner, ou empoisonner ? Quelques-uns on dit, que si l'on a le droit d'ôter la vie, la manière est indifférente. Etrange maxime ! heureusement réprouvée par les seules idées confuses de l'honneur. J'ai droit, dans la Société Civile, de réprimer un Calomniateur, de me faire rendre mon bien par celui qui le détient injustement : la manière sera-t-elle indifférente ? Les Nations peuvent se faire justice, les armes à la main, quand on la leur refuse : Sera-t-il indifférent à la Société humaine, qu'elles y employent des moyens odieux, capables de porter la désolation dans toute la Terre, & desquels le plus juste, le plus équitable des Souverains, soutenu même de la plûpart des autres, ne sçauroit se garder ?

Mais, pour traiter solidement cette question, il faut d'abord ne point confondre l'Assassinat, avec les surprises, très-permises, sans-doute, dans la Guerre. Qu'un soldat déterminé se glisse pendant la nuit dans le Camp ennemi ; qu'il pénétre jusqu'à la tente du Général, & le poignarde ; il n'y a rien là de contraire aux Loix Naturelles de la Guerre, rien même que de louable,

dans

dans une Guerre juste & nécessaire. MUTIUS SCEVOLA a été loué de tous les grands-hommes de l'Antiquité, & PORSENNA lui-même, qu'il avoit voulu tuer, rendit justice à son courage. (*a*) PEPIN, pére de CHARLE-MAGNE, ayant passé le Rhin avec un seul Garde, alla tuer son Ennemi dans sa Chambre. (*b*) Si quelqu'un a condamné absolument ces coups hardis, ce n'est que pour flatter ceux d'entre les Grands, qui voudroient laisser aux soldats & aux subalternes tout le danger de la Guerre. Il est vrai qu'on en punit ordinairement les auteurs, par de rigoureux supplices : mais c'est que le Prince, ou le Général, attaqué de cette manière, use à son tour de ses droits; il songe à sa sûreté, & il essaye, par la terreur des supplices, d'ôter à ses ennemis l'envie de l'attaquer autrement qu'à force ouverte; il peut proportionner sa rigueur envers un ennemi, à ce qu'exige sa propre sûreté. Il est vrai encore qu'il sera beaucoup plus louable de renoncer de part & d'autre à toute espèce d'hostilité, qui met l'Ennemi dans la nécessité d'employer les supplices pour s'en défendre : On peut en faire un usage, une **Loi Conventionelle de la Guerre.** Aujourd'hui les entreprises de cette nature ne sont point du goût de nos généreux Guerriers, & ils ne les tenteroient

---

(*a*) Voyez TIT. LIV. *Lib.* II. *Cap.* XII. CICER. *pro P. Sextio.* VALER. MAXIM. Lib. III. c. III. PLUTARQUE vie de *Publicola.*

(*b*) Voyez GROTIUS LIV. III, Chap. III. §. XVIII. n. I.

roient que dans ces occasions rares, où elles deviendroient nécessaires au salut de la Patrie. Pour ce qui est de ces six-cents Lacédémoniens, qui, sous la conduite de Leonidas, pénétrèrent dans le Camp de l'Ennemi, & allèrent droit à la Tente du Roi de Perse (*a*); leur expédition étoit dans les règles ordinaires de la Guerre, & n'autorisoit point ce Roi à les traiter plus rigoureusement que d'autres ennemis. Il suffit de faire bonne garde, pour se garentir d'un pareil coup de main, & il seroit injuste d'y employer la terreur des supplices : Aussi la réserve-t-on pour ceux qui s'introduisent subtilement, seuls, ou en très-petit nombre, & surtout à la faveur d'un déguisement.

J'appelle donc *Assassinat*, un meurtre commis par trahison, soit qu'on y employe des Traîtres, sujets de celui qu'on fait assassiner, ou de son Souverain, soit qu'il s'exécute par la main de tout autre émissaire, qui se sera introduit comme Suppliant ou Réfugié, ou comme Transfuge, ou enfin comme Etranger ; & je dis, qu'un pareil attentat est une action infâme & exécrable, dans celui qui l'exécute, & dans celui qui la commande. Pourquoi jugeons-nous qu'un acte est criminel, contraire à la Loi de la Nature, si ce n'est parceque cet acte est pernicieux à la société humaine, & que l'usage en seroit funeste aux hommes ? Et quel fléau plus terrible à l'humanité, que la coûtume de faire

as-

(*a*) Justin. Lib. II. cap. XI. §. 15.

assassiner son Ennemi par un Traître ? Encore un coup, introduisez cette licence, la vertu la plus pure, l'amitié de la plus grande partie des Souverains, ne seront plus suffisantes pour mettre un Prince en sûreté. Que TITUS eût règné du tems du *Vieux de la Montagne*; qu'il eût fait le bonheur des hommes; que fidèle observateur de la paix & de l'équité, il eût été respecté & adoré de tous les Potentats; à la prémière querelle que le Prince des *Assassins* eût voulu lui susciter, cette bienveillance universelle ne pouvoit le sauver, & le Genre humain étoit privé de ses *Délices*. Qu'on ne me dise point, que ces coups extraordinaires ne sont permis qu'en faveur du bon droit : tous prétendent, dans leurs Guerres, avoir la Justice de leur côté. Quiconque, par son exemple, contribuë à l'introduction d'un usage si funeste, se déclare donc l'ennemi du Genre-humain, & mérite l'exécration de tous les siécles (*a*). L'assassinat de GUILLAUME Prince d'Orange fut généralement détesté, quoique les Espagnols traitassent ce Prince de Rebelle. Et ces mêmes Espagnols se défendirent, comme d'une calomnie atroce, d'avoir eû la moindre part à celui de HENRI le Grand, qui se préparoit à leur faire une Guerre capable d'ébranler leur Monarchie.

Le Poison donné en trahison, a quelque chose de plus odieux encore que l'Assassinat; l'effet en

(*a*) Voyez le Dialogue entre *J. César* & *Cicéron* : Mélanges de Littérature & de Poësies.

en seroit plus inévitable, & l'usage plus terrible; aussi a-t-il été plus généralement détesté. On peut voir les témoignages recueillis par GROTIUS (a). Les Consuls C. FABRICIUS & Q. ÆMILIUS rejettèrent avec horreur la proposition du Médecin de PYRRHUS, qui offroit d'empoisonner son Maître, & même ils avertirent ce Prince, d'être en garde contre le Traître, ajoûtant fièrement, *ce n'est point pour vous faire la cour, que nous vous donnons cet avis, mais pour ne pas nous couvrir nous-mêmes d'infamie* (b); Et ils disent fort bien, dans la même Lettre, qu'il est de l'intérêt commun des Nations, qu'on ne donne point de pareils exemples (c). Le Sénat Romain tenoit pour maxime, que *la Guerre doit se faire avec les armes, & non par le poison* (d). Sous TIBERE même, on rejetta l'offre que faisoit le Prince des Cattes, d'empoisonner ARMINIUS, si on vouloit lui envoyer du poison; & on lui répondit: *Que le Peuple Romain se vengeoit de ses Ennemis à force ouverte, & non pas par de mauvaises pra-*

ti-

(a) Liv. III. Chap. IV. §. XV.

(b) Ὀυδὲ γὰρ ταῦτα σῇ χάριτι μηνύομεν, ἀλλ' ὅπως μὴ τὸ σὸν πάθος ἡμῖν διαβολὴν ἐνέγκῃ &c. PLUTAR. *in vit. Pyrrh.*

(c) *Sed communis exempli & fidei ergo visum est, uti te salvum velimus; ut esset, quem armis vincere possemus.* Apud AUL. GELL. Noct. Attic. Lib. III. c. VIII.

(d) *Armis bella, non venenis, geri debere.* VALER. MAX. L. VI. c. V. num. I.

tiques & de secrettes machinations (e); TIBERE se glorifioit d'imiter ainsi la vertu des anciens Capitaines Romains. Cet exemple est d'autant plus remarquable, qu'ARMINIUS avoit fait périr par trahison VARUS avec trois Légions Romaines. Le Sénat, & TIBERE lui-même ne pensèrent pas qu'il fût permis d'employer le poison, même contre un perfide, & par une sorte de rétorsion, ou de représailles.

L'Assassinat & l'Empoisonnement sont donc contraires aux Loix de la Guerre, également proscrits par la Loi Naturelle & par le Consentement des Peuples civilisés. Le Souverain qui met en usage ces moyens exécrables, doit être regardé comme l'ennemi du Genre-humain, & toutes les Nations sont appellées, pour le salut commun des hommes, à se réunir contre lui, à joindre leurs forces, pour le châtier. Sa Conduite autorise en particulier l'Ennemi attaqué par des voies si odieuses, à ne lui faire aucun quartier. ALEXANDRE le Grand déclara, ,, qu'il étoit résolu de poursuivre DA-,, RIUS à outrance, non plus comme un enne-,, mi de bonne-Guerre, mais comme un Em-,, poisonneur & un Assassin (*a*). "

L'intérêt & la sûreté de ceux qui commandent, exigent qu'ils apportent tous leurs soins à empêcher

---

(e) *Non fraude, neque occultis, sed palàm & armatum Populum Romanum hostes suos ulcisci.* TACIT. Annal. L. II. c. 88.

(*a*) QUINT. CURT. Lib. IV. cap. XI. num. 18.

cher l'introduction de semblables pratiques, bien loin de l'autoriser. Eumenes disoit sagement, ,, qu'il ne croyoit pas qu'aucun Gé-,, néral d'Armée voulût se procurer la victoire ,, en donnant un exemple pernicieux, qui ,, pourroit retomber sur lui-même (*a*). Et c'est sur le même principe, qu'Alexandre jugea de l'action de Bessus, qui avoit assassiné Darius (*b*).

§. 156. Il y a un peu plus de couleur à excuser, ou à défendre l'usage des armes empoisonnées. Au moins n'y a-t-il point là de trahison, de voie sécrette. Mais cet usage n'en est pas moins interdit par la Loi Naturelle, qui ne permet point d'étendre à l'infini les maux de la Guerre. Il faut bien que vous frappiez votre ennemi, pour surmonter ses efforts : Mais s'il est une fois mis hors de combat, est-il besoin qu'il meure inévitablement de ses blessures ? D'ailleurs, si vous empoisonnez vos armes, l'Ennemi vous imitera; & sans gagner aucun avantage pour la décision de la querelle, vous aurez seulement rendu la Guerre plus cruelle & plus affreuse. La Guerre n'est permise aux Nations

(*a*) *Nec* Antigonum, *nec quemquam Ducum, sic velle vincere, ut ipse in se exemplum pessimum statuat.* Justin. L. XIV. c. I. num. 12.

(b) *Quem quidem* (Bessum) *cruci adfixum videre festino, omnibus Regibus Gentibusque fidei, quam violavit, meritas pœnas solventem.* Quint. Curt. Lib. VI. c. III. num. 14.

Partie I. K

tions que par nécessité: Toutes doivent s'abstenir de ce qui ne tend qu'à la rendre plus funeste; & même elles sont obligées de s'y opposer. C'est donc avec raison, & conformément à leur devoir, que les Peuples civilisés ont mis au nombre des Loix de la Guerre, la maxime qui défend d'empoisonner les armes (*a*); & toutes sont autorisées, par l'intérêt de leur salut commun, à réprimer & à punir les prémiers qui voudroient enfraindre cette Loi.

157. On s'accorde plus généralement encore à condamner l'empoisonnement des eaux, des fontaines & des puits, parce, disent quelques Auteurs, que par là, on peut donner la mort à des innocens, à d'autres qu'aux ennemis. C'est une raison de plus; mais ce n'est ni la seule, ni même la véritable. Car on ne laisse pas de tirer sur un Vaisseau ennemi, quoiqu'il ait à bord des passagers neutres. Mais si l'on doit s'abstenir d'employer le poison; il est très-permis de détourner l'eau, de couper les sources, ou de les rendre inutiles de quelque autre manière, pour forcer l'ennemi à se rendre (*b*). C'est une voie plus douce que celle des armes.

§. 158. Ne quittons point cette matière de ce qu'on est en droit de faire contre la personne de l'Ennemi, sans dire un mot des dispositions, que l'on doit conserver envers lui. On peut déja les déduire de ce que nous avons dit jusques-

(*a*) Voyez GROTIUS Liv. II. Chap. IV. §. XVI.
(*b*) GROTIUS, *ibid*. §. XXII.

ques ici. N'oublions jamais que nos ennemis sont hommes. Réduits à la fâcheuse nécessité de poursuivre notre droit par la force des armes, ne dépouillons point la Charité, qui nous lie à tout le Genre-humain. De cette manière, nous défendrons courageusement les droits de la Patrie, sans blesser ceux de l'humanité. Que notre Valeur se préserve d'une tache de cruauté, & l'éclat de la Victoire ne sera point terni par des actions inhumaines & brutales. On déteste aujourd'hui MARIUS, ATTILA; on ne peut s'empêcher d'admirer & d'aimer CESAR: Peu s'en faut qu'il ne rachéte par sa Générosité, par sa Clémence, l'injustice de son entreprise. La modération, la générosité du Vainqueur lui est plus glorieuse que son courage; elle annonce plus sûrement une grande ame. Outre la gloire qui suit infailliblement cette vertu, on a vû souvent des fruits présens & réels de l'humanité envers un ennemi. LEOPOLD Duc d'Autriche assiégeant Soleure en l'année 1318., jetta un pont sur l'Aar, & y plaça un gros Corps de Troupes: La rivière, enflée extraordinairement, emporta le pont & ceux qui étoient dessus. Les Assiégés vinrent au sécours de ces malheureux, & en sauvèrent la plus grande partie. LEOPOLD, vaincu par ce trait de générosité, leva le siége, & fit la paix avec la Ville (*a*). Le Duc

(*a*) DE WATTEVILLE, Hist. de la Confèderat. Helvetique T. I. pp. 126, 127.

Duc de CUMBERLAND, après la Victoire de *Dettingue* (*a*), me paroît plus grand encore que dans la Mêlée. Comme il étoit à se faire pancer d'une bessure, on apporte un Officier François, blessé beaucoup plus dangereusement que lui: Le Prince ordonna aussi-tôt â son Chirurgien de le quitter, pour secourir cet Officier ennemi. Si les Grands sçavoient combien de pareilles actions les font respecter & chérir, ils chercheroient à les imiter, lors même que l'élévation de leurs sentimens ne les y porteroit pas. Aujourd'hui les Nations de l'Europe font presque toûjours la Guerre avec beaucoup de modération & de générosité. De ces dispositions naissent plusieurs usages louables, & qui vont même souvent jusqu'à une extrême politesse: On enverra quelquefois des rafraichissemens à un Gouverneur assiégé : On s'abstient pour l'ordinaire, de tirer sur le Quartier du Roi, ou du Général. Il n'y a qu'à gagner dans cette modération, quand on a affaire à un Ennemi généreux. Mais elle n'est obligatoire qu'autant qu'elle ne peut nuire à la Cause que l'on défend; & l'on voit assez qu'un Général sage se règlera à cet égard sur les conjonctures, sur ce qu'exige la sûreté de l'Armée & de l'Etat, sur la grandeur du péril, sur le caractère & la conduite de l'Ennemi. Si une Nation foible, une Ville, se voit attaquée par un Conquérant furieux, qui menace de la détruire; s'abstiendra-t-elle de tirer

(*a*) en 1743.

rer sur son Quartier ? C'est-là, au contraire, s'il étoit possible, qu'il faudroit adresser tous les coups.

159. Autrefois, celui qui pouvoit tuer le Roi ou le Général ennemi, étoit loué & récompensé ; On sçait quel honneur étoit attaché aux *Dépouilles Opimes*. Rien n'étoit plus naturel : Les Anciens combattoient presque toûjours pour leur salut ; & souvent, la mort du Chef met fin à la Guerre. Aujourd'hui, au moins pour l'ordinaire, un soldat n'oseroit se vanter d'avoir ôté la vie au Roi ennemi. Les Souverains s'accordent ainsi tacitement à mettre leur personne en sûreté. Il faut avouer, que dans une Guerre peu échauffée, & où il ne s'agit pas du salut de l'Etat, il n'y a rien que de louable dans ce respect pour la Majesté Royale, rien même que de conforme aux Devoirs mutuels des Nations. Dans une pareille Guerre, ôter la vie au Souverain de la Nation ennemie, quand on pourroit l'épargner, c'est faire, peut-être, à cette Nation plus de mal, qu'il n'est nécessaire pour finir heureusement la querelle. Mais ce n'est point une Loi de la Guerre, d'épargner en toute rencontre la personne du Roi ennemi ; & on n'y est obligé que quand on a la facilité de le faire prisonnier.

CHAPITRE IX.
Du Droit de la Guerre à l'égard des choses qui appartiennent à l'Ennemi.

§. 160.

L'ETAT qui prend les armes pour un juste sujet, a un double Droit contre son Ennemi : 1. Le droit de se mettre en possession de ce qui lui appartient & que l'Ennemi lui refuse; à quoi il faut ajoûter les dépenses faites à cette fin, les frais de la Guerre, & la réparation des dommages; car s'il étoit obligé de supporter ces frais & ces pertes, il n'obtiendroit point en entier ce qui est à lui, ou ce qui lui est dû. 2. Il a le droit d'affoiblir l'Ennemi, pour le mettre hors d'état de soutenir une injuste violence (§. 138.); le droit de lui ôter les moyens de résister. De là naissent, comme de leur principe, tous les droits de la Guerre sur les choses qui appartiennent à l'Ennemi. Je parle des cas ordinaires, & de ce qui se rapporte particulièrement aux biens de l'Ennemi. En certaines occasions, le droit de le punir produit de nouveaux droits sur les choses qui lui appartiennent, comme il en donne sur sa personne : Nous en parlerons tout-à-l'heure.

§. 161. On est en droit de priver l'Ennemi de ses biens, de tout ce qui peut augmenter ses forces & le mettre en état de faire la guerre.

Chacun travaille à cette fin de la manière qui lui convient le mieux. On s'empare, quand on le peut, des biens de l'Ennemi, on se les approprie; & par là, outre qu'on diminuë les forces de son adversaire, on augmente les siennes propres, & l'on se procure, au moins en partie, un dédommagement, un équivalent, soit du sujet même de la Guerre, soit des dépenses & des pertes qu'elle cause; on se fait justice soi-même.

§. 162. Le droit de sûreté autorise souvent à punir l'injustice, ou la violence. C'est un nouveau titre pour dépouiller un Ennemi de quelque partie de ses biens. Il est plus humain de châtier une Nation de cette manière, que de faire tomber la peine sur la personne des Citoyens. On peut lui enlever, dans cette vuë, des choses précieuses, des Droits, des Villes, ou des Provinces. Mais toutes les Guerres ne donnent pas un juste sujet de punir. La Nation qui a soutenu de bonne foi, & avec modération une mauvaise Cause, mérite plus de compassion que de colère, de la part d'un Vainqueur généreux: Et dans une Cause douteuse, on doit présumer que l'Ennemi est dans la bonne-foi §. 40.). Ce n'est donc que l'injustice manifeste, dénuée même de prétextes plausibles; ou d'odieux excès dans les procédés, qui donnent à un Ennemi le droit de punir. Et dans toute occasion, il doit borner la peine à ce qu'exige sa sûreté & celle des Nations. Tant que la prudence le permet, il est beau d'écouter la Clémence. Cette aimable vertu est presque toûjours plus utile à celui qui l'exerce, que l'infléxible rigueur. La Clémence du Grand HENRI féconda merveilleusement sa Valeur, quand ce bon Prince se vit forcé à faire la Conquête de son Royaume. Il n'eût soumis que des Ennemis, par ses armes; sa bonté lui gagna des sujets affectionnés.

§. 163. Enfin on s'empare de ce qui appartient à l'Ennemi, de ses Villes, de ses Provinces, pour l'amener à des Conditions raisonnables, pour le contraindre à accepter une Paix équitable & solide. On lui prend ainsi beaucoup plus qu'il ne doit, plus que l'on ne prétend de lui: Mais c'est dans le dessein de restituer le surplus par le Traité de Paix. Nous avons vû le Roi de France déclarer, dans la dernière Guerre, qu'il ne prétendoit rien pour lui-même, & rendre en effet toutes ses Conquêtes au Traité d'*Aix-la-Chapelle*.

§. 163. Comme on appelle *Conquêtes*, les Villes & les terres prises sur l'ennemi; toutes les choses mobiles qu'on lui enlève, forment le *Butin*. Naturellement ce butin n'appartient pas moins que les Conquêtes, au Souverain qui fait la guerre. Car lui seul a des prétentions à la charge de l'Ennemi, qui l'autorisent à s'emparer de ses biens & à se les approprier. Ses soldats, & même les Auxiliaires, ne sont que des instruments dans sa main, pour faire valoir son droit.

Il les entretient & les foudoye ; tout ce qu'ils font, ils le font en son nom & pour lui. Il n'y a donc aucune difficulté, même par rapport aux Auxiliaires : S'ils ne sont pas Associés dans la Guerre, elle ne se fait point pour eux ; ils n'ont pas plus de droit au butin qu'aux Conquêtes. Mais le Souverain peut faire aux Troupes telle part qu'il lui plaît du butin. Aujourd'hui on leur abandonne chez la plûpart des Nations, tout celui qu'elles peuvent faire, en certaines occasions, où le Général permet le pillage ; la dépouille des ennemis restés sur le champ de bataille, le pillage d'un Camp forcé, quelquefois celui d'une Ville qui se laisse prendre d'assaut. Le soldat acquiert encore dans plusieurs Services, tout ce qu'il peut enlever aux Troupes ennemies quand il va en parti, ou en détachement, à l'exception de l'Artillerie, des Munitions de Guerre, des Magasins & Convois de provisions de bouche & de fourages, que l'on applique aux besoins & à l'usage de l'Armée. Et dès que la Coûtume est reçuë dans une Armée, ce seroit une injure que d'exclure les Auxiliaires du droit qu'elle donne aux Troupes. Chez les Romains, le soldat étoit obligé de rapporter à la masse tout le butin qu'il avoit fait : Le Général faisoit vendre ce butin ; il en distribuoit quelque partie aux soldats, à chacun selon son rang, & portoit le reste au Trésor public.

K 5 §. 165.

§. 165. Au pillage de la Campagne & des lieux sans défense, on a substitué un usage, en même-tems plus humain, & plus avantageux au Souverain qui fait la guerre; c'est celui des *Contributions*. Quiconque fait une guerre juste, est en droit de faire contribuer le pays ennemi à l'entretien de son Armée, à tous les frais de la guerre: Il obtient ainsi une partie de ce qui lui est dû; & les sujets de l'Ennemi se soumettant à cette imposition, leurs biens sont garentis du pillage, le pays est conservé. Mais si un Général veut jouir d'une réputation sans tâche, il doit modérer les Contributions, & les proportionner aux facultés de ceux à qui il les impose. L'excès en cette matière, n'échappe point au reproche de dureté & d'inhumanité: S'il montre moins de férocité, que le ravage & la destruction, il annonce plus d'avarice ou de cupidité. Les exemples d'humanité & de sagesse ne peuvent être trop souvent allégués: on en vit un bien louable dans ces longues Guerres, que la France a soutenuës sous le règne de Louis XIV. Les Souverains, obligés & respectivement intéressés à conserver le pays, faisoient, à l'entrée de la Guerre, des Traités pour règler les Contributions sur un pied supportable; On convenoit & de l'étenduë de pays ennemi, dans laquelle chacun pourroit en exiger, & de la force de ces impositions, & de la manière dont les Partis envoyés pour les lever auroient à se comporter. Il étoit porté dans ces Traités, qu'au-

cune

cune Troupe au-deſſous d'un certain nombre, ne pourroit pénétrer dans le pays ennemi, au-delà des bornes convenues, à-peine d'être traitée en *parti bleu*. C'étoit prévenir une multitude d'excès & de déſordres, qui déſolent les peuples, & preſque toûjours à pure perte pour les Souverains qui font la guerre. Pourquoi un ſi bel exemple n'eſt-il pas généralement ſuivi?

§. 166. S'il eſt permis d'enlever les biens d'un injuſte ennemi, pour l'affoiblir (§. 161.), ou pour le punir (§. 162.); les mêmes raiſons autoriſent à détruire ce qu'on ne peut commodément emporter. C'eſt ainſi que l'on fait le dégât dans un pays, qu'on y détruit les vivres & les fourages, afin que l'ennemi n'y puiſſe ſubſiſter: On coule à fond ſes Vaiſſeaux, quand on ne peut les prendre, ou les emmener. Tout cela va au but de la Guerre. Mais on ne doit uſer de ces moyens qu'avec modération, & ſuivant le beſoin. Ceux qui arrachent les vignes & coupent les arbres fruitiers, ſi ce n'eſt pour punir l'Ennemi de quelque attentat contre le Droit des Gens, ſont regardés comme des barbares: Ils déſolent un pays pour bien des années, & au-delà de ce qu'exige leur propre ſûreté: Une pareille conduite eſt moins dictée par la prudence, que par la haine & la fureur.

§. 167. Cependant on va plus loin encore en certaines occaſions: On ravage entièrement un pays, on ſaccage les villes & les villages, on y porte le fer & le feu. Terribles extrêmités,
quand

quand on y est forcé! Excès barbares & monstrueux, quand on s'y abandonne sans nécessité! Deux raisons cependant peuvent les autoriser; 1. La nécessité de châtier une Nation injuste & féroce, de réprimer sa brutalité & de se garentir de ses brigandages. Qui doutera que le Roi d'Espagne & les Puissances d'Italie ne fussent très-fondés à détruire jusques aux fondemens, ces Villes maritimes de l'Affrique, ces repaires de Pirates, qui troublent sans-cesse leur Commerce & désolent leurs sujets? Mais qui se portera à ces extrémités, en vuë de punir seulement le Souverain? Celui-ci ne sentira la peine qu'indirectement. Qu'il est cruel de la faire parvenir jusqu'à lui par la désolation d'un peuple innocent! Le même Prince, dont on loue la fermeté & le juste ressentiment, dans le bombardement d'Alger, fut accusé d'orgueil & d'inhumanité, après celui de Gènes. 2. On ravage un pays, on le rend inhabitable, pour s'en faire une barrière, pour couvrir sa frontière contre un Ennemi, que l'on ne se sent pas capable d'arrêter autrement. Le moyen est dur, il est vrai; mais pourquoi n'en pourroit-on user aux dépens de l'Ennemi, puisqu'on se détermine bien, dans les mêmes vuës, à ruiner des Provinces? Le Czar PIERRE le Grand, fuyant devant le terrible CHARLES XII. ravagea plus de quatre-vingt lieuës de pays, dans son propre Empire, pour arrêter l'impétuosité d'un torrent, devant lequel il ne pouvoit tenir. La disette &

les

les fatigues affoiblirent enfin les Suédois, & le Monarque Russe recueillit à Pultowa les fruits de sa circonspection & de ses sacrifices. Mais les remèdes violens ne doivent pas être prodigués; il faut, pour en justifier l'usage, des raisons d'une importance proportionnée. Un Prince qui, sans nécessité, imiteroit la conduite du Czar, seroit coupable envers son peuple: Celui qui en fait autant en pays ennemi, quand rien ne l'y oblige, ou sur de foibles raisons, se rend le fléau de l'humanité. Les François ravagèrent & brûlèrent le Palatinat, dans le siècle passé (*a*). Il s'éleva un cri universel, contre cette manière de faire la guerre. En vain la Cour s'autorisa du dessein de mettre à couvert ses frontières. Le Palatinat saccagé faisoit peu à cette fin: On n'y vit que la vengeance & la cruauté d'un Ministre dur & hautain.

§. 168. Pour quelque sujet que l'on ravage un pays, on doit épargner les Edifices qui font honneur à l'humanité, & qui ne contribuent point à rendre l'Ennemi plus puissant; les Temples, les Tombeaux, les Bâtimens publics, tous les Ouvrages respectables par leur beauté. Que gagne-t-on à les détruire? C'est se déclarer l'ennemi du Genre-humain, que de le priver de gaieté de Cœur, de ces Monuments des Arts, de ces Modèles du Goût; comme BELISAIRE

le

(*a*) En 1674., & une seconde fois, d'une manière beaucoup plus terrible, en 1689.

le réprésentoit à Totila Roi des Goths (*a*). Nous détestons encore aujourd'hui ces Barbares, qui détruisirent tant de Merveilles, quand ils inondèrent l'Empire Romain. De quelque ressentiment que le grand Gustave fût animé contre Maximilien Duc de Bavière, il rejetta avec indignation le conseil de ceux qui vouloient détruire le magnifique Palais de Munich, & il prit soin de conserver cet Edifice.

Cependant, s'il est nécessaire de détruire des Edifices de cette nature, pour les opérations de la guerre, pour pousser les travaux d'un siège; on en a le droit, sans doute. Le Souverain du pays, ou son Général, les détruit bien lui-même, quand les besoins, ou les maximes de la Guerre l'y invitent. Le Gouverneur d'une Ville assiégée en brûle les Fauxbourgs, pour empêcher que les Assiégeans ne s'y logent. Personne ne s'avise de blâmer celui qui dévaste des jardins, des vignes, des vergers, pour y asseoir son Camp & s'y retrancher. Si par là il détruit quelque beau Monument; c'est un accident, une suite malheureuse de la guerre : Il ne sera condamné que dans le seul cas, où il eût pû camper ailleurs sans le moindre inconvénient.

§. 169. Il est difficile d'épargner les plus beaux Edifices, quand on bombarde une Ville. Communément on se borne aujourd'hui à foudroyer les remparts & tout ce qui appartient à la défense de la Place : Détruire une Ville, par les

(*a*) Voyez sa Lettre dans Procope. Elle est rapportée par Grotius Liv. III. Chap. XII. §. II, not. 11.

les bombes & les boulets rouges, est une extrêmité à laquelle on ne se porte pas sans de grandes raisons. Mais elle est autorisée cependant par les Loix de la Guerre, lorsqu'on n'est pas en état de réduire autrement une Place importante, de laquelle peut dépendre le succès de la Guerre, ou qui sert à nous porter des coups dangereux. Enfin, on en vient-là quelquefois, quand on n'a pas d'autre moyen de forcer un ennemi à faire la guerre avec humanité, ou de le punir de quelques autres excès. Mais les bons Princes n'usent qu'à l'extrémité, & avec répugnance, d'un droit si rigoureux. En l'année 1694. les Anglois bombardèrent plusieurs Places maritimes de France, dont les Armateurs portoient des coups sensibles au Commerce de la Grande-Brétagne. La vertueuse & digne Epouse de GUILLAUME III. n'apprit point ces exploits de la Flotte avec une vraie satisfaction: Elle témoigna de la douleur, de ce que la Guerre rendoit de telles hostilités nécessaires; ajoûtant, qu'elle espéroit que ces sortes d'opérations deviendroient si odieuses, qu'à l'avenir on y renonceroit de part & d'autre (*a*).

§. 170. Les Forteresses, les remparts, toute espèce de fortifications, appartiennent uniquement à la Guerre. Rien de plus naturel, ni de plus légitime, dans une guerre juste, que de raser celles qu'on ne se propose pas de garder. On affoiblit d'autant son Ennemi, & on n'enveloppe point des innocens dans les pertes qu'on lui

(*a*) Histoire de Guillaume III. Liv. VI. Tom. II. p. 66.

lui cause. C'est le grand parti que la France a tiré de ses Victoires, dans une Guerre, où elle ne prétendoit pas faire des Conquêtes.

§. 171. On donne des sauve-gardes aux Terres & aux Maisons que l'on veut épargner, soit par pure faveur, soit à la charge d'une Contribution. Ce sont des soldats, qui les protégent contre les partis, en signifiant les Ordres du Général. Ces soldats sont sacrés pour l'Ennemi; il ne peut les traiter hostilement, puisqu'ils sont là comme bienfaiteurs, & pour le salut de ses sujets. On doit les respecter, de même que l'on respecte l'escorte donnée à une Garnison, ou à des prisonniers de guerre, pour les reconduire chez eux.

§. 172. En voilà assez pour donner une idée de la modération avec laquelle on doit user, dans la guerre la plus juste, du droit de piller & ravager le pays ennemi. Otez le cas où il s'agit de punir un Ennemi, tout revient à cette règle générale: Tout le mal que l'on fait à l'Ennemi sans nécessité, toute hostilité qui ne tend point à amener la Victoire & la fin de la guerre, est une licence, que la Loi Naturelle comdamne.

§. 173. Mais cette licence est nécessairement impunie & tolerée jusqu'à un certain point, entre les Nations. Comment déterminer avec précision, dans les cas particuliers, jusqu'où il étoit nécessaire de porter les hostilités, pour parvenir à une heureuse fin de la guerre? Et quand on pourroit le marquer exactement, les Na-

Nations ne reconnoissent point de Juge commun, chacune juge de ce qu'elle a à faire pour remplir ses devoirs. Donnez lieu à de continuelles accusations d'excès dans les hostilités, vous ne ferez que multiplier les plaintes, aigrir de plus en plus les esprits : De nouvelles injures renaîtront continuellement, & l'on ne posera point les armes, jusqu'à-ce que l'un des partis soit détruit. Il faut donc s'en tenir, de Nation à Nation, à des règles générales, indépendantes des circonstances, d'une application sûre & aisée. Or ces règles ne peuvent être telles, si l'on n'y considère pas les choses dans un sens absolu, en elles-mêmes & dans leur nature. De même donc que, à l'égard des hostilités contre la personne de l'ennemi, le Droit des Gens volontaire se borne à proscrire les moyens illicites & odieux en eux-mêmes, tels que le poison, l'assassinat, la trahison, le massacre d'un ennemi rendu & de qui on n'a rien à craindre; ce même Droit, dans la matière que nous traitons ici, condamne toute hostilité, qui, de sa nature & indépendamment des circonstances, ne fait rien au succès de nos armes, n'augmente point nos forces, & n'affoiblit point l'ennemi. Au contraire, il permet, ou tolère, tout acte, qui, en soi-même & de sa nature, est propre au but de la Guerre; sans s'arrêter à considérer si telle hostilité étoit peu nécessaire, inutile, ou superfluë, dans le cas particulier, à moins que l'exception qu'il y avoit à faire dans ce cas-là, ne fût de la dernière évidence; car

Partie I.   L   là

là où l'évidence règne, la liberté des jugemens ne subsiste plus. Ainsi il n'est pas en général contre les Loix de la Guerre, de brûler & de saccager un pays. Mais si un Ennemi très-supérieur en forces, traite de cette manière une Ville, une Province, qu'il peut facilement garder pour se procurer une paix équitable & avantageuse, il est généralement accusé de faire la guerre en barbare & en furieux. La destruction volontaire des Monuments publics, des Temples, des Tombeaux, des Statuës, des Tableaux &c. est donc condamnée absolument, même par le Droit des Gens Volontaire, comme toûjours inutile au but legitime de la Guerre. Le sac & la destruction des villes, la désolation des campagnes, les ravages, les incendies, ne sont pas moins odieux & detestés, dans toutes les occasions, où l'on s'y porte évidemment sans nécessité, ou sans de grandes raisons.

Mais comme on pourroit excuser tous ces excès, sous prétexte du châtiment que mérite l'Ennemi; ajoûtons-ici, que par le Droit des Gens Naturel & Volontaire, on ne peut punir de cette manière, que des attentats énormes contre le Droit des Gens. Encore est-il toûjours beau d'écouter la voix de l'humanité & de la clémence, lorsque la rigueur n'est pas d'une absoluë nécessité. CICERON blâme la destruction de Corinthe, qui avoit indignement traité les Ambassadeurs Romains. C'est que Rome étoit en état de faire respecter ses Ministres, sans en venir à ces voies d'une extrême rigueur.

CHA-

CHAPITRE X.

De la Foi entre Ennemis; des stratagêmes, des ruses de Guerre, des Espions, & de quelques autres pratiques.

§. 174.

LA Foi des Promesses & des Traités est la bâse de la tranquillité des Nations, comme on l'a fait voir dans un Chapitre exprès.* Elle est sacrée parmi les hommes, & absolument essentielle à leur salut commun : En sera-t-on dispensé envers un Ennemi ? ce seroit une erreur également funeste & grossière, de s'imaginer que tout devoir cesse, que tout lien d'humanité soit rompu, entre deux Nations qui se font la guerre. Réduits à la nécessité de prendre les armes, pour leur défense & pour le maintien de leurs droits, les hommes ne cessent pas pour cela d'être hommes : Les mêmes Loix de la Nature règnent encore sur eux. Si cela n'étoit pas, il n'y auroit point de Loix de la Guerre. Celui-là même qui nous fait une guerre injuste, est homme encore; nous lui devons tout ce qu'exige de nous cette qualité. Mais il s'élève un conflict entre nos devoirs envers nous-mêmes, & ceux qui nous lient aux autres hommes. Le droit de sûreté nous autorise à faire contre cet injuste ennemi, tout ce qui est nécessaire pour le repousser, ou pour le mettre à la raison.

Mais

* Voyez le D. d. G. Liv. II. Chap. XV.

Mais tous les devoirs, dont ce conflict, ne suspend pas nécessairement l'exercice, subsistent dans leur entier; ils nous obligent & envers l'ennemi, & envers tous les autres hommes. Or tant s'en faut que l'obligation de garder la foi puisse cesser pendant la guerre, en vertu de la préférence que méritent les devoirs envers soi-même; elle devient plus nécessaire que jamais. Il est mille occasions, dans le cours même de la guerre, où, pour mettre des bornes à ses fureurs, aux calamités qu'elle traîne à sa suite, l'intérêt commun, le salut de deux Ennemis exige, qu'ils puissent convenir ensemble de certaines choses. Que deviendroient les prisonniers de guerre, les garnisons qui capitulent, les Villes qui se rendent, si l'on ne pouvoit compter sur la parole d'un ennemi? La Guerre dégénéreroit dans une licence effrénée & cruelle; ses maux n'auroient plus de bornes. Et comment pourroit-on la terminer enfin & rétablir la paix? S'il n'y a plus de foi entre ennemis, la guerre ne finira avec quelque sûreté, que par la destruction entière de l'un des partis. Le plus léger différend, la moindre querelle produira une Guerre semblable à celle qu'HANNIBAL fit aux Romains, dans laquelle on combattit, non pour quelque Province, non pour l'Empire, ou pour la Gloire, mais pour le salut même de la Nation. (*a*) Il demeure donc constant, que la Foi des Promesses & des Traités doit être sacrée, en Guerre comme en Paix, entre Ennemis aussi bien qu'entre Nations amies. Les

(*a*) *De salute certatum est.*

§. 175. Les Conventions, les Traités faits avec une Nation, sont rompus ou annullés par la Guerre qui s'élève entre les Contractans; soit parce qu'ils supposent tacitement l'état de paix, soit parce que chacun pouvant dépouiller son ennemi de ce qui lui appartient, il lui ôte les droits, qu'il lui avoit donnés par des Traités. Cependant il faut excepter les Traités où l'on stipule certaines choses en cas de rupture; par exemple, le tems qui sera donné aux sujets de part & d'autre pour se retirer, la neutralité assurée d'un commun consentement à une Ville, ou à une Province &c. Puisque, par des Traités de cette nature, on veut pourvoir à ce qui devra s'observer en cas de rupture, on renonce au droit de les annuller par la Déclaration de Guerre.

Par la même raison, on est tenu à l'observation de tout ce qu'on promet à l'ennemi dans le cours de la guerre. Car dès que l'on traite avec lui pendant que l'on a les armes à la main, on renonce tacitement, mais nécessairement, au pouvoir de rompre la Convention, par forme de Compensation & à raison de la guerre, comme on rompt les Traités précédens; autrement ce seroit ne rien faire, & il seroit absurde de traiter avec l'Ennemi.

§. 176. Mais il en est des Conventions faites pendant la guerre, comme de tous autres Pactes & Traités, dont l'observation réciproque est une condition tacite; * on n'est plus tenu à les ob-

server

* V. le D. d. G. L. II. §. 202.

ferver, envers un Ennemi qui les a enfraints le prémier. Et même, quand il s'agit de deux Conventions féparées, qui n'ont point de liaifon entre-elles ; bien qu'il ne foit jamais permis d'etre perfide par la raifon qu'on a affaire à un Ennemi, qui, dans une autre occafion, a manqué à fa parole, on peut néanmoins fufpendre l'effet d'une promeffe, pour l'obliger à réparer fon manque de foi, & retenir ce qu'on lui a promis, par forme de gage, jufqu'à ce qu'il ait réparé fa perfidie. C'eft ainfi qu'à la prife de Namur, en 1695. le Roi d'Angleterre fit arrêter le Maréchal de BOUFLERS, & le retint prifonnier, malgré la Capitulation, pour obliger la France à réparer les infractions faites aux Capitulations de Dixmude & de Deinfe. (*a*)

§. 177. La foi ne confifte pas feulement à tenir fes promeffes, mais encore à ne point tromper, dans les occafions où l'on fe trouve obligé, de quelque manière que ce foit, à dire la vérité. Nous touchons ici une queftion vivement agitée autrefois, & qui a paru embarraffante, tant que l'on a eû des notions peu juftes, ou peu diftinctes du *Menfonge*. Plufieurs, & fur-tout des Théologiens, fe font réprésenté la Vérité comme une efpèce de Divinité, à laquelle on doit je ne fçai quel refpect inviolable, pour elle-même & indépendamment de fes effets ; ils ont condamné abfolument tout difcours contraire à la penfée de celui

(*a*) Hiftoire de Guillaume III. Tom. II. p. 148.

celui qui parle: Ils ont prononcé, qu'il faut, en toute rencontre, parler selon la vérité connuë, si l'on ne peut se taire, & offrir comme en sacrifice à leur Divinité, les intérêts les plus précieux, plûtôt que de lui manquer de respect. Mais des Philosophes moins rigides disent que la Vérité doit être respectée en général, parce qu'elle est l'ame de la Société humaine, le fondement de la confiance dans le commerce mutuel des hommes; & que par conséquent un homme ne doit pas mentir, même dans les choses indifférentes, crainte d'affoiblir le respect dû en général à la Vérité, & de se nuire à soi-même, en rendant sa parole suspecte lors même qu'il parle sérieusement: mais en fondant ainsi le respect qui est dû à la Vérité sur ses effets, ils distinguent les occasions où l'on est obligé de dire la vérité, ou de manifester sa pensée, d'avec celles où l'on n'y est point tenu. On n'appelle *Mensonges* que les discours qu'un homme tient contre sa pensée, dans les occasions où il est obligé de dire la vérité; & on réserve un autre nom, en Latin *falsiloquium*, pour les discours faux, tenus à gens, qui, dans le cas particulier, n'ont aucun droit d'exiger qu'on leur dise la vérité.

Ces principes posés, il n'est pas difficile de marquer quel doit être, dans les occasions, le légitime usage de la vérité, ou du discours faux, à l'égard d'un Ennemi. Toutes les fois qu'on s'est engagé, expressément ou tacitement, à lui parler vrai, on y est indispensablement obligé par sa foi, dont nous venons d'établir l'inviolabilité. Tel est le cas des Conventions, des Traités: L'engagement tacite d'y parler vrai est de toute nécessité. Car il seroit absurde de dire, que l'on ne s'engage pas à ne point tromper l'ennemi sous couleur de traiter avec lui: Ce seroit se jouer, & ne rien faire. On doit encore dire la vérité à l'ennemi dans toutes les occasions où l'on s'y trouve naturellement obligé par les Loix de l'humanité; c'est-à-dire, lorsque le succès de nos armes & nos devoirs envers nous-mêmes ne sont point en conflict avec les devoirs communs de l'humanité, & n'en suspendent pas la force & l'exercice, dans le cas présent. Ainsi quand on renvoie des Prisonniers rachetés, ou échangés, ce seroit une infamie de leur indiquer le plus mauvais chemin, ou une route dangereuse; quand le Prince, ou le Général ennemi demande des nouvelles d'une femme ou d'un enfant, qui lui est cher, il seroit honteux de le tromper.

§. 178. Mais lorsqu'en faisant tomber l'ennemi dans l'erreur, soit par un discours dans lequel on n'est point engagé à dire la vérité, soit par quelque démarche simulée, on peut se procurer un avantage dans la guerre, lequel il seroit permis de chercher à force couverte, il n'y a nul doute que cette voie ne soit permise. Disons plus; comme l'humanité nous oblige à préférer les moyens les plus doux, dans la poursuite de nos droits; si par une ruse de guerre, une feinte exempte de perfidie, on peut s'emparer d'une

Place

Place forte, surprendre l'ennemi & le reduire, il vaut mieux, il est réellement plus louable de réussir de cette manière, que par un siége meurtrier, ou par une bataille sanglante. Mais cette épargne du sang humain ne va jamais jusqu'à autoriser la perfidie, dont l'introduction auroit des suites trop funestes, & ôteroit aux Souverains, une fois en guerre, tout moyen de traiter ensemble & de rétablir la paix. (§. 174.)

Les tromperies faites à l'ennemi, sans perfidie, soit par des paroles, soit par des actions, les pièges qu'on lui tend en usant des droits de la Guerre, sont des *Stratagêmes*, dont l'usage a toûjours été reconnu pour légitime, & a fait souvent la gloire des plus grands Capitaines. Le Roi d'Angleterre GUILLAUME III. ayant découvert, que l'un de ses Sécrétaires donnoit avis de tout au Général ennemi, fit arrêter sécrétement le traître, & le força d'écrire au Duc de LUXEMBOURG, que le lendemain les Alliés feroient un fourrage général, soutenu d'un gros Corps d'Infanterie avec du Canon, & se servit de cette ruse, pour surprendre l'Armée Françoise à Steinkerque. Mais, par l'activité du Général François & par la valeur de ses Troupes, le succés ne répondit pas à des mesures si habilement concertées. (*a*)

Il faut respecter, dans l'usage des Stratagêmes, non-seulement la foi qui est duë à l'ennemi, mais encore les droits de l'humanité, & prendre garde de point faire des choses, dont l'introduction feroit

(*a*) Mémoires de FEUQUIERES Tom. III. p. 87. & suiv.

feroit préjudiciable au Genre-humain. Depuis que les hostilités ont commencé entre la France & l'Angleterre, on dit qu'une Frégate Angloise, s'étant approchée à la vuë de Calais, fit les signaux de détresse, pour attirer quelque bâtiment, & se saisir d'une Chalouppe & des Matelots, qui venoient généreusement à son secours. Si le fait est tel, cet indigne stratagême mérite une punition sévère. Il tend à empêcher l'effet d'une Charité secourable, si sacrée au Genre-humain, & si recommandable même entre ennemis. D'ailleurs, faire les signaux de détresse, c'est demander du secours, & promettre par cela même toute sûreté à ceux qui le donneront. Il y a donc une odieuse perfidie dans l'action attribuée à cette Frégate.

On a vû des Peuples, & les Romains eux-mêmes pendant long-tems, faire profession de mépriser à la guerre toute espèce de surprise, de ruse, de stratagême; & d'autres qui alloient jusqu'à marquer le tems & le lieu, où ils se proposoient de donner bataille. (*a*) Il y avoit plus de générosité que de sagesse, dans une pareille conduite.

(*a*) C'étoit la manière des anciens Gaulois; voyez TITE-LIVE. On a dit d'ACHILLES, qu'il ne vouloit combattre qu'à découvert, & qu'il n'étoit pas homme à s'enfermer dans le fameux Cheval de bois, qui fut fatal aux Troyens.

Ille non inclusus equo, Minervæ
Sacra mentito, male feriatos
Troas, & lætam Priami choreis
Falleret Aulam:
Sed palam captis gravis....
HORAT. Lib. IV. Od. VI.

duite. Elle feroit très-loüable, fans-doute, fi, comme dans la manie des Duels, il n'étoit queftion que de faire preuve de courage. Mais à la Guerre, il s'agit de défendre la Patrie, de pourfuivre par la force, des droits, qu'on nous refufe injuftement; & les moyens les plus fûrs font auffi les plus louables, pourvû qu'ils n'ayent rien d'illicite & odieux en eux-mêmes. *Dolus an virtus, quis in hoſte requirat?* (*b*) Le mépris des rufes de guerre, des ftratagêmes, des furprifes, vient fouvent, comme dans ACHILLES, d'une noble confiance dans fa valeur & dans fes propres forces: Et il faut avoüer, que quand on peut vaincre un ennemi à force ouverte, en bataille rangée, on doit fe flatter bien plus fûrement de l'avoir dompté & réduit à demander la paix, que fi on a obtenu l'avantage par furprife, comme le difent dans TITE-LIVE ces généreux Sénateurs, qui n'approuvoient pas la conduite peu fincère, que l'on avoit tenuë avec PERSEE. (*c*) Lors donc que la Valeur fimple & ouverte peut affûrer la Victoire, il eft des occafions où elle eft préférable à la rufe, parce qu'elle procure à l'Etat un avantage plus grand & plus durable.

§. 179. L'ufage des *Espions* eft une efpèce de tromperie à la guerre, ou de pratique fécrette. Ce font des gens qui s'introduifent chez l'Ennemi, pour découvrir l'état de fes affaires, pénétrer fes deffeins, & en avertir celui qui les em-

---

(*b*) VIRGIL. ÆNEID. L. II. ℣. 390.
(*c*) TIT. LIV. Lib. XLII. Cap. XLVII.

employe. On punit communément les Espions du dernier supplice, & cela avec justice, puisque l'on n'a guères d'autre moyen de se garentir du mal qu'ils peuvent faire. (§. 155.) Pour cette raison, un homme d'honneur, qui ne veut pas s'exposer à périr par la main d'un bourreau, ne fait point le métier d'Espion: Et d'ailleurs, il le juge indigne de lui, parceque ce métier ne peut guères s'exercer sans quelque espèce de trahison. Le Souverain n'est donc pas en droit d'exiger un pareil service de ses sujets; si ce n'est peut-être dans quelque cas singulier, & de la plus grande importance. Il y invite, par l'appât du gain, les ames mercénaires. Si ceux qu'il employe viennent s'offrir d'eux-mêmes, ou s'il n'y engage que des gens, qui ne sont point sujets de l'Ennemi, & qui ne tiennent à lui par aucun lien; il n'est pas douteux qu'il ne puisse légitimement & sans honte, profitter de leurs services. Mais est-il permis, est-il honnête, de solliciter les sujets de l'Ennemi à le trahir, pour nous servir d'Espions? Nous répondrons à cette question dans le paragraphe suivant.

§. 180. On demande en général, s'il est permis de séduire les gens de l'Ennemi, pour les engager à blesser leur devoir par une honteuse trahison? Ici il faut distinguer entre ce qui est dû à l'Ennemi, malgré l'Etat de Guerre, & ce qu'exigent les Loix intérieures de la Conscience, les règles de l'honnêteté. Nous pouvons travailler à affoiblir l'ennemi par tous moyens possibles, (§. 138.) pourvû qu'ils ne blessent pas

le

le salut commun de la Société humaine, comme font le poison & l'Assassinat. (§. 155.) Or la séduction d'un sujet pour servir d'Espion, celle d'un Commandant pour livrer sa Place, n'attaquent point les fondemens du salut commun des hommes, de leur sûreté. Des sujets, Espions de l'Ennemi, ne font pas un mal mortel & inévitable: on peut se garder d'eux jusqu'à un certain point; & quant à la sûreté des Places fortes, c'est au Souverain de bien choisir ceux à qui il les confie. Ces moyens ne sont donc pas contraires au Droit des Gens externe, dans la Guerre, & l'Ennemi n'est point fondé à s'en plaindre, comme d'un attentat odieux. Aussi se pratiquent-ils dans toutes les Guerres. Mais sont-ils honnêtes, & compatibles avec les Loix d'une Conscience pure? Non, sans-doute; & les Généraux le sentent eux-mêmes, puisqu'ils ne se vantent jamais de les avoir mis en usage. Engager un sujet à trahir sa Patrie; suborner un Traître, pour mettre le feu à un Magasin; tenter la fidélité d'un Commandant, le séduire, le porter à livrer la Place qui lui est confiée; c'est pousser ces gens-là à commettre des crimes abominables. Est-il honnête de corrompre, d'inviter au crime son plus mortel ennemi? Tout au plus pourroit-on excuser ces pratiques dans une Guerre très-juste, quand il s'agiroit de sauver la Patrie de la ruine, dont elle seroit menacée par un injuste Conquérant. Il semble qu'alors, le sujet, ou le Général qui trahiroit son Prince, dans une Cause manifestement injuste, ne commetmettroit pas une faute si odieuse. Celui qui ne respecte lui-même ni la justice, ni l'honnêteté, mérite d'éprouver à son tour les effets de la méchanceté & de la perfidie. Et si jamais il est pardonnable de sortir des règles sévères de l'honnêteté, c'est contre un Ennemi de ce caractère, & dans une extrémité pareille. Les Romains, dont les idées étoient pour l'ordinaire si pures & si nobles, sur les droits de la Guerre, n'approuvoient point ces sourdes pratiques. Ils n'estimèrent pas la Victoire du Consul SERVILIUS CÆPIO sur VIRIATUS, parce qu'elle avoit été achetée. VALERE MAXIME dit, qu'elle fut souillée d'une double perfidie; (a) & un autre Historien écrit, que le Sénat ne l'approuva point. (b)

§. 181. Autre chose est d'accepter seulement les offres d'un Traître. On ne le séduit point, & l'on peut profitter de son crime, en le détestant. Les Transfuges, les Déserteurs commettent un crime contre leur Souverain; On les reçoit cepen-

(a) *Viviati etiam cædes duplicem perfidiæ accusationem recepit: in amicis, quod eorum manibus interemptus est: in Q. Servilio Cæpione Consule, quia is sceleris hujus auctor, impunitate promissâ, fuit; victoriamque non meruit, sed emit.* Lib. IX. Cap. VI. num. 4. Quoique cet exemple semble appartenir à une autre matière (à celle de l'Assassinat,) je ne laisse pas de le placer ici; parceque, si l'on consulte les autres Auteurs, il ne paroît pas que *Cæpio* eût engagé les soldats de *Viriatus* à l'assassiner. Voyez entre autres EUTROPE Lib. IV. Cap. VIII.

(b) *Quæ victoria, quia emta erat, a Senatu non probata.* Auct. de Viris Illustr. Cap. LXXI.

pendant *par le Droit de la Guerre*, comme le disent les Jurisconsultes Romains. (*a*) Si un Gouverneur se vend lui-même, & offre de livrer sa Place pour de l'argent, se fera-t-on scrupule de profitter de son crime, pour obtenir sans péril, ce qu'on est en droit de prendre par force? Mais quand on se sent en état de réussir sans le secours des Traîtres, il est beau de témoigner, en rejettant leurs offres, toute l'horreur qu'ils inspirent. Les Romains, dans leurs siècles héroïques, dans ces tems où ils donnoient de si beaux exemples de grandeur d'ame & de vertu, rejettèrent toûjours avec indignation les avantages, que leur présentoit la trahison de quelque sujet des Ennemis. Non-seulement ils avertirent PYRRHUS du dessein horrible de son Médecin; ils refusèrent de profitter d'un crime moins atroce, & renvoyèrent lié & garotté aux *Falisques* un Traître qui avoit voulu livrer les enfans du Roi. (*b*)

Mais lorsqu'il y a de la division chez l'Ennemi, on peut sans scrupule, entretenir des intelligences avec l'un des partis, & profitter du droit qu'il croit avoir, de nuire au parti opposé. On avance ainsi ses propres affaires, sans séduire personne, sans participer en aucune façon au crime d'autrui. Si l'on profitte de son erreur; cela est permis, sans-doute, contre un ennemi.

§. 182.

(*a*) *Transfugam jure belli recipimus.* DIGEST. Lib. XLI. Tit. I. *De adquir. rerum domin.* Leg. LI.
(*b*) *Eadem fide indicatum Pyrrho Regi medicum, vitæ ejus insidiantem: eadem* Faliscis *vinctum traditum proditorem liberorum Regis.* TIT. LIV. Lib. XLII. cap. XLVII.

§. 182. On appelle intelligence double, celle d'un homme qui fait semblant de trahir son parti, pour attirer l'ennemi dans le piège. C'est une trahison & un métier infâme, quand on le fait de propos délibéré & en s'offrant le prémier. Mais un Officier, un Commandant de Place, sollicité par l'Ennemi, peut légitimement, en certaines occasions, feindre de prêter l'oreille à la séduction, pour attraper le suborneur. Celui-ci lui fait injure, en tentant sa fidélité; il se venge justement, en le faisant tomber dans le piège: Et par cette conduite, il ne nuit point à la foi des promesses, au bonheur de genre-humain. Car des engagemens criminels sont absolument nuls, ils ne doivent jamais être remplis; & il seroit avantageux que personne ne pût compter sur les promesses des traîtres, qu'elles fussent de toutes parts environnées d'incertitude & de dangers. C'est pourquoi un Supérieur, s'il apprend que l'Ennemi tente la fidélité de quelqu'un de ses Officiers ou soldats, ne se fait point scrupule d'ordonner à ce subalterne de feindre qu'il se laisse gagner, & d'ajuster sa prétenduë trahison de manière à attirer l'ennemi dans une embuscade. Le subalterne est obligé d'obéir. Mais quand la séduction s'adresse directement au Commandant en chef, pour l'ordinaire un homme d'honneur préfére & doit préférer le parti de rejetter hautement & avec indignation une proposition injurieuse.

DE LA GUERRE, ET DE LA PAIX.

PREMIERE PARTIE.
CHAPITRE XI.
Du Souverain qui fait une Guerre injuste.

§. 183.

TOUT le droit de celui qui fait la guerre vient de la justice de sa Cause. L'injuste qui l'attaque, ou le menace, qui lui refuse ce qui lui appartient, en un mot qui lui fait injure, le met dans la nécessité de se défendre, ou de se faire justice les armes à la main; il l'autorise à tous les actes d'hostilité, nécessaires pour se procurer une satisfaction complette. Quiconque prend les armes sans sujet légitime, n'a donc absolument aucun droit; toutes les hostilités qu'il commet, sont injustes.

§. 184. Il est chargé de tous les maux, de toutes les horreurs de la Guerre: Le sang versé, la désolation des familles, les rapines, les violences, les ravages, les incendies sont ses œuvres & ses crimes. Coupable envers l'Ennemi, qu'il attaque, qu'il opprime, qu'il massacre sans sujet: coupable envers son peuple, qu'il entraîne dans l'injustice, qu'il expose sans nécessité, sans raison; envers ceux de ses sujets que la guerre accable, ou met en souffrance, qui y perdent la vie, les biens, ou la santé: coupable enfin envers le Genre-humain entier, dont il trouble le repos, & auquel il donne un pernicieux exemple: Quel effrayant tableau de misères & de crimes! Quel compte à rendre au Roi des Rois, au Père commun des hommes! Puisse cette légère esquisse frapper les yeux des Conducteurs des Nations, des Princes & de leurs Ministres! Pourquoi n'en attendrions-nous pas quelque fruit? Les Grands auroient-ils perdu tout sentiment d'honneur, d'humanité, de Devoir & de Religion? Et si notre foible voix pouvoit, dans toute la suite des siècles, prévenir seulement une Guerre; quelle récompense plus glorieuse de nos veilles & de notre travail?

§. 185. Celui qui fait injure, est tenu à la réparation du dommage, ou à une juste satisfaction, si le mal est irréparable, & même à la peine, si la peine est nécessaire pour l'exemple,

pour

pour la sûreté de l'offensé, & pour celle de la société humaine. C'est le cas du Prince auteur d'une Guerre injuste. Il doit restituer tout ce qu'il a pris, renvoyer à ses frais les Prisonniers; il doit dédommager l'Ennemi, des maux qu'il lui a fait souffrir, des pertes qu'il lui a causées; relever les familles désolées, réparer, s'il étoit possible, la perte d'un Père, d'un Fils, d'un Epoux.

§. 186. Mais comment réparer tant de maux? plusieurs sont irréparables de leur nature. Et quant à ceux qui peuvent être compensés par un équivalent; où puisera le Guerrier injuste, pour racheter ses violences? les biens particuliers du Prince n'y pourroient suffire. Donnera-t-il ceux de ses sujets? ils ne lui appartiennent pas. Sacrifiera-t-il les Terres de la Nation, une partie de l'Etat? mais l'Etat n'est pas son Patrimoine *; il ne peut en disposer à son gré. Et bien que la Nation soit tenuë, jusqu'à un certain point, des faits de son Conducteur; outre qu'il seroit injuste de la punir directement, pour des fautes dont elle n'est pas coupable, si elle est tenuë des faits du Souverain, c'est seulement envers les autres Nations, qui ont leur recours contre elle **; le Souverain ne peut lui renvoyer la peine de ses injustices, ni la dépouiller pour les réparer. Et quand il le pourroit; sera-t-il lavé de tout, & pur dans sa Conscience? Acquit-

M 2

* V. le. D. d. G. Liv. I. §. 61.
** V. le D. d. G. L. I. §. 40, & Liv. II. §§. 81. 82.

quitté envers l'Ennemi, le fera-t-il auprès de son Peuple? C'est une étrange Justice, que celle d'un homme qui répare ses torts aux dépens d'un tiers: Il ne fait que changer l'objet de son injustice. Pesez toutes ces choses, ô Conducteurs des Nations; & quand vous aurez vû clairement, qu'une Guerre injuste vous entraîne dans une multitude d'iniquités, dont la réparation est au-dessus de toute votre puissance, peut-être serez-vous moins prompts à l'entreprendre.

§. 187. La restitution des Conquêtes, des Prisonniers, & des effets qui peuvent se retrouver en nature, ne souffre point de difficulté, quand l'injustice de la Guerre est reconnuë. La Nation en Corps, & les particuliers, connoissant l'injustice de leur possession, doivent se dessaisir, & restituer tout ce qui est mal acquis. Mais quant à la réparation du dommage, les Gens de guerre, Généraux, Officiers & Soldats, sont-ils obligés en Conscience, à réparer des maux, qu'ils ont faits, non par leur volonté propre, mais comme des instruments dans la main du Souverain? Je suis surpris que le judicieux Grotius prenne sans distinction l'affirmative (*a*). Cette décision ne peut se soutenir que dans le cas d'une Guerre si manifestement & si indubitablement injuste, qu'on ne puisse y supposer aucune raison d'Etat sécrette & capable de la justifier; cas presque impossible

en

(*a*) Droit de la G. & de la P. Liv. III. Chap. X.

en Politique. Dans toutes les occasions susceptibles de doute, la Nation entière, les particuliers, & singulièrement les Gens de guerre, doivent s'en rapporter à ceux qui gouvernent, au Souverain. Ils y sont obligés, par les principes essentiels de la Société Politique, du Gouvernement. Où en seroit-on, si, à chaque démarche du Souverain, les sujets pouvoient peser la justice de ses raisons ; s'ils pouvoient refuser de marcher, pour une guerre, qui ne leur paroîtroit pas juste? Souvent même la prudence ne permet pas au Souverain de publier toutes ses raisons. Le devoir des sujets est de les présumer justes & sages, tant que l'évidence pleine & absoluë ne leur dit pas le contraire. Lors donc que, dans cet esprit, ils ont prêté leur bras pour une guerre, qui se trouve ensuite injuste ; le Souverain seul est coupable, lui seul est tenu à réparer ses torts. Les sujets, & en particulier les Gens de Guerre, sont innocens ; ils n'ont agi que par une obéissance nécessaire : Ils doivent seulement vuider leurs mains de ce qu'ils ont acquis dans une pareille guerre ; parce qu'ils le posséderoient sans titre légitime. C'est là, je crois, le sentiment presque unanime des gens de bien, la façon de penser des Guerriers les plus remplis d'honneur & de probité. Leur cas est ici celui de tous ceux qui sont les Ministres des Ordres souverains. Le Gouvernement devient impossible, si chacun de ses Ministres veut peser & connoître à fond

fond la justice des Commandemens, avant que de les exécuter. Mais s'ils doivent pour le salut de l'Etat, présumer justes les Ordres du Souverain, ils n'en sont pas responsables.

CHAPITRE XII.
Du Droit des Gens volontaire, par rapport aux effets de la Guerre en forme, indépendamment de la justice de la Cause.

§. 188.

TOUT ce que nous venons de dire, dans le Chapitre précédent, est une Conséquence évidente des vrais principes, des règles éternelles de la Justice : Ce sont les dispositions de cette Loi sacrée, que la Nature, ou son Divin Auteur impose aux Nations. Celui-là seul est en droit de faire la guerre, celui-là seul peut attaquer son Ennemi, lui ôter la vie, lui enlever ses biens & ses possessions, à qui la Justice & la nécessité ont mis les armes à la main. Telle est la décision du *Droit des Gens Nécessaire*, ou de la Loi Naturelle, à l'observation de laquelle les Nations sont étroitement obligées : C'est la Règle inviolable, que chaque Souverain doit suivre en sa Conscience. Mais comment faire valoir cette Règle, dans les démêlés des Peuples & des Souverains, qui vivent ensemble dans l'état de Nature ? Ils ne reconnoissnoiſſent point de Supérieur : Qui jugera entre-eux, pour marquer à chacun ſes droits & ſes obligations ; pour dire à celui-ci, vous avez droit de prendre les armes, d'aſſaillir votre En-nemi, de le réduire par la force ; & à celui-là, vous ne pouvez commettre que d'injuſtes hoſti-lités ; vos Victoires ſont des meurtres, vos Conquêtes des rapines & des brigandages ?

Il appartient à tout Etat libre & Souverain, de juger en ſa Conſcience, de ce que ſes Devoirs exigent de lui, de ce qu'il peut ou ne peut pas faire avec juſtice. Si les autres entre-prennent de le juger, ils donnent at-teinte à ſa Liberté, ils le bleſſent dans ſes droits les plus précieux. Et puis, cha-cun tirant la juſtice de ſon côté, s'attribuera tous les Droits de la Guerre, & prétendra que ſon Ennemi n'en a aucun, que ſes hoſtilités ſont autant de brigandages, autant d'infractions au Droit des Gens, dignes d'être punies par toutes les Nations. La déciſion du Droit, de la Con-troverſe, n'en ſera pas plus avancée, & la que-relle en deviendra plus cruelle, plus funeſte dans ſes effets, plus difficile à terminer. Ce n'eſt pas tout encore ; les Nations neutres elles-mêmes ſeront entraînées dans la difficulté, im-pliquées dans la querelle.

Si une Guerre injuſte ne peut opérer aucun effet de Droit parmi les hommes ; tant qu'un Juge re-connu (& il n'y en a point entre les Nations) n'aura pas définitivement prononcé ſur la juſtice des Ar-mes,

mes, on ne pourra acquerir avec sûreté aucune des choses prises en Guerre; elles demeureront toûjours sujettes à la revendication, comme les effets enlevés par des Brigands.

§. 189. Laissons donc la rigueur du Droit naturel & nécessaire à la Conscience des Souverains; il ne leur est sans-doute jamais permis de s'en écarter. Mais par rapport aux effets extérieurs du Droit, parmi les hommes, il faut nécessairement recourrir à des règles d'une application plus sûre & plus aisée; & cela pour le salut même & l'avantage de la grande Société du Genre-humain. Cès règles sont celles du Droit des Gens *Volontaire*.

La Loi Naturelle, qui veille au plus grand bien de la Société humaine, qui protége la Liberté de chaque Nation, & qui veut que les affaires des Souverains puissent avoir une issuë, que leurs querelles se terminent & tendent à une prompte fin; cette Loi, dis-je, recommande l'observation du Droit des Gens volontaire, pour l'avantage commun des Nations, tout comme elle approuve les changemens, que le Droit Civil fait aux règles du Droit Naturel, dans la vuë de les rendre plus convenables à l'état de la Société Politique, d'une application plus aisée & plus sûre. Appliquons donc au sujet particulier de la Guerre l'observation générale déja faite: Une Nation, un Souverain, quand il délibére sur le parti qu'il a à prendre

pour

pour satisfaire à son devoir, ne doit jamais perdre de vuë le Droit *Nécessaire*, toûjours obligatoire dans la Conscience: Mais lors qu'il s'agit d'examiner ce qu'il peut exiger des autres États, il doit respecter le Droit des Gens *Volontaire*, & restreindre même ses justes prétentions, sur les règles d'un Droit dont les Maximes sont consacrées au salut & à l'avantage de la Société universelle des Nations. Que le Droit *Necessaire* soit la règle qu'il prendra constamment pour lui-même : Il doit souffrir que les autres se prévalent du Droit des Gens *Volontaire*.

§. 190. La 1re. Règle de ce Droit, dans la matière dont nous traitons, est, que *la Guerre en forme, quant à ses effets, doit être regardée comme juste de part & d'autre*. Cela est absolument nécessaire; comme nous venons de le faire voir, si l'on veut apporter quelque ordre, quelque règle, dans un moyen aussi violent que celui des armes, mettre des bornes aux calamités qu'il produit, & laisser une porte toûjours ouverte au retour de la paix. Il est même impraticable d'agir autrement de Nation à Nation; puisqu'elles ne reconnoissent point de Juge.

Ainsi les Droits fondés sur l'état de Guerre, la légitimité de ses effets, la validité des acquisitions faites par les armes, ne dépendent point, extérieurement & parmi les hommes, de la justice de la Cause, mais de la légitimité des moyens en eux-mêmes; c'est-à-dire, de tout ce qui est requis pour conſtituer une Guerre en forme. Si l'Ennemi obſerve toutes les règles de la Guerre en forme (voyez cy-deſſus, le Chap. IV.) nous ne ſommes point reçus à nous plaindre de lui, comme d'un infracteur du Droit des Gens: Il a les mêmes prétentions que nous au bon Droit; & toute notre reſſource eſt dans la Victoire, ou dans un Accommodement.

§. 191. 2de. Règle: Le Droit étant réputé égal entre deux Ennemis, *tout ce qui eſt permis à l'un, en vertu de l'etat de Guerre, eſt auſſi permis à l'autre.* En effet, on ne voit point qu'une Nation, ſous prétexte que la juſtice eſt de ſon côté, ſe plaigne des hoſtilités de ſon Ennemi, tant qu'elles demeurent dans les termes preſcrits par les Loix communes de la Guerre. Nous avons traité, dans les Chapitres précédens, de ce qui eſt permis dans une Guerre juſte: C'eſt cela préciſément, & pas davantage, que le Droit Volontaire autoriſe également dans les deux partis. Ce Droit rend les choſes égales de part & d'autre; mais il ne permet à perſonne ce qui eſt illicite en ſoi; il ne peut avouer une licence effrénée. Si donc les Nations ſortent de ces limites, ſi elles portent les hoſtilités au-delà de ce que permet en général le Droit interne & néceſſaire, pour le ſoutien d'une Cauſe juſte; gardons-nous de rapporter ces excès au Droit des Gens volontaire: Il faut les attribuer uniquement aux mœurs corrompuës, qui produiſent une Coûtume injuſte & barbare. Telles ſont

PREMIERE PARTIE. CHAPITRE XII. 195

sont ces horreurs, auxquelles le soldat s'abandonne quelquefois, dans une Ville prise d'assaut.

§. 192. 3. Il ne faut jamais oublier, que *ce Droit des Gens Volontaire*, admis par nécessité & pour éviter de plus grands maux (§.§. 188. 189.), *ne donne point à celui dont les armes sont injustes, un véritable droit, capable de justifier sa conduite & de rassurer sa Conscience, mais seulement l'effet extérieur du Droit, & l'impunité parmi les hommes.* Cela paroît assez par la manière dont nous avons établi le Droit des Gens Volontaire. Le Souverain dont les armes ne sont pas autorisées par la justice, n'en est donc pas moins injuste, pas moins coupable contre la Loi sacrée de la Nature, quoique, pour ne point aigrir les maux de la société humaine en voulant les prévenir, la Loi Naturelle elle-même exige qu'on lui abandonne les mêmes droits externes, qui appartiennent très-justement à son Ennemi. C'est ainsi que par les Loix Civiles, un Débiteur peut refuser le payement de sa dette, lorsqu'il y a prescription; mais il péche alors contre son devoir: Il profite d'une Loi, établie pour prévenir une multitude de procès; mais il agit sans aucun droit véritable.

Les Nations s'accordant en effet à observer les règles, que nous rapportons au Droit des Gens volontaire, GROTIUS les fonde sur un Consentement de fait de la part des Peuples, & les rapporte au Droit des Gens Arbitraire. Mais
outre

outre qu'un pareil engagement seroit bien souvent difficile à prouver, il n'auroit de force que contre ceux qui y seroient formellement entrés. Si cet engagement existoit, il se rapporteroit au Droit des Gens Conventionnel, lequel s'établit par l'Histoire, & non par le raisonnement; il se fonde sur des faits, & non pas sur des principes. Dans cet Ouvrage, nous posons les Principes naturels du Droit des Gens; nous le déduisons de la Nature elle-même: Et ce que nous appellons Droit des Gens volontaire, consiste dans des Règles de conduite, de Droit externe, auxquelles la Loi Naturelle oblige les Nations de consentir; ensorte qu'on présume de droit leur consentement, sans le chercher dans les Annales du Monde; parce que si même elles ne l'avoient pas donné, la Loi de la Nature le supplée & le donne pour elles. Les Peuples ne sont point libres ici dans leur consentement; & celui qui le refuseroit, blesseroit les Droits communs des Nations.

Ce Droit des Gens volontaire, ainsi établi, est d'un usage très-étendu; & ce n'est point du tout une chimère, une fiction arbitraire, dénuée de fondement. Il découle de la même source, il est fondé sur les mêmes principes, que le Droit *Naturel*, ou *Nécessaire*. Pourquoi la Nature impose-t-elle aux hommes telles ou telles règles de conduite, si ce n'est parceque ces règles sont nécessaires au salut & au bonheur du Genre-humain? Mais les maximes du Droit
des

des Gens *Nécessaire* sont fondées immédiatement sur la nature des choses, en particulier sur celle de l'homme & de la Société Politique; le Droit des Gens *Volontaire* suppose un principe de plus, la nature de la grande Société des Nations & du commerce qu'elles ont ensemble: Le prémier prescrit aux Nations ce qui est absolument nécessaire & ce qui tend naturellement à leur perfection & à leur commun bonheur; le second tolère ce qu'il est impossible d'éviter sans introduire de plus grands maux.

CHAPITRE XIII.
De l'acquisition par Guerre, & principalement de la Conquête.

§. 193.

S'Il est permis d'enlever les choses qui appartiennent à l'Ennemi, dans la vuë de l'affoiblir, (§. 160.), & quelquefois dans celle de le punir (§. 162.); il ne l'est pas moins, dans une Guerre juste, de s'approprier ces choses-là, par une espèce de *Compensation*, que les Jurisconsultes appellent *expletio Juris*, (§. 161.): On les retient en équivalent de ce qui est dû par l'Ennemi, des dépenses & des dommages qu'il a causés, & même, lorsqu'il y a sujet de le punir, pour tenir lieu de la peine qu'il a méritée. Car lorsque je ne puis me procurer

curer la chose même qui m'appartient, ou qui m'est duë, j'ai droit à un équivalent, lequel, dans les règles de la *Justice expletrice*, & suivant l'estimation morale, est regardé comme la chose même. La Guerre fondée sur la Justice est donc un moyen légitime d'acquérir, suivant la Loi Naturelle, qui fait le Droit des Gens *Nécessaire*.

§. 194. Mais cette Loi sacrée n'autorise l'acquisition faite par de justes armes, que dans les termes de la Justice ; c'est-à-dire, jusqu'au point d'une satisfaction complette, dans la mesure nécessaire pour remplir les fins légitimes dont nous venons de parler. Un Vainqueur équitable, rejettant les conseils de l'Ambition & de l'Avarice, fera une juste estimation de ce qui lui est dû, sçavoir de la chose même, qui a fait le sujet de la querelle, s'il ne peut l'avoir en nature, des dommages, & des frais de la Guerre, & ne retiendra des biens de l'Ennemi, que précisément autant qu'il en faudra pour former l'équivalent. Mais s'il a affaire à un Ennemi perfide, inquiet & dangereux ; il lui ôtera, par forme de peine, quelques-unes de ses Places, ou de ses Provinces, & les retiendra, pour s'en faire une barrière. Rien de plus juste, que d'affoiblir un Ennemi qui s'est rendu suspect & formidable. La fin légitime de la peine est la sûreté pour l'avenir. Telles sont les conditions, qui rendent l'acquisition faite par les armes, juste & irréprochable devant Dieu & dans la
Con-

Confcience; le bon Droit dans la Caufe, & la mefure équitable dans la fatisfaction.

§. 195. Mais les Nations ne peuvent infifter entre-elles fur cette rigueur de la Juftice. Par les difpofitions du Droit des Gens *Volontaire*, toute Guerre en forme, quant à fes effets, eft regardée comme jufte de part & d'autre, (§.190.) & perfonne n'eft en droit de juger une Nation, fur l'excès de fes prétentions, ou fur ce qu'elle croit néceffaire à fa fûreté. Toute acquifition faite dans une Guerre en forme, eft donc valide, fuivant le Droit des Gens *Volontaire*, indépendamment de la juftice de la Caufe, & des raifons fur lesquelles le Vainqueur a pû fe fonder, pour s'attribuer la propriété de ce qu'il a pris. Auffi la Conquête a-t-elle été conftamment regardée comme un titre légitime entre les Nations: Et l'on n'a guères vû contefter ce titre, à moins qu'il ne fût dû à une Guerre, non feulement injufte, mais deftituée même de prétextes.

§. 196. La propriété des chofes mobiliaires eft acquife à l'Ennemi, du moment qu'elles font en fa puiffance; & s'il les vend chez des Nations neutres, le prémier Propriétaire n'eft point en droit de les revendiquer. Mais il faut que ces chofes-là foient véritablement au pouvoir de l'ennemi, & conduites en lieu de fûreté. Suppofez qu'un Etranger, paffant dans notre pays, achette quelque partie du butin, que vient d'y faire un parti ennemi; ceux des nôtres, qui font à la pourfuite de ce parti, reprendront avec juftice le butin, que cet Etranger s'est pressé d'acheter. Sur cette matière, GROTIUS rapporte, d'après DE THOU, l'exemple de la Ville de Lier en Brabant, laquelle ayant été prise & reprise en un même jour, le butin fait sur les habitans leur fut rendu, parcequ'il n'avoit pas été pendant vingt-quatre heures entre les mains de l'ennemi. (*a*) Ce terme de vingt-quatre heures, aussi-bien que ce qui s'observe sur mer, (*b*) est une institution du Droit des Gens *pactice*, ou de la Coûtume, ou enfin une Loi Civile de quelques Etats. La raison naturelle de ce qui fut observé en faveur des habitans de Lier, est, que l'ennemi étant pris, pour ainsi dire, sur le fait, & avant qu'il eût emporté le butin, on ne regarda pas ce butin comme passé absolument sous sa propriété & perdu pour les habitans. De même sur mer, un Vaisseau pris par l'ennemi, tant qu'il n'a pas été conduit dans quelque port, ou au milieu d'une Flotte, peut être repris & délivré par d'autres Vaisseaux du même parti: Son sort n'est pas décidé, ni la propriété du maître perduë sans retour, jusqu'à ce que le Vaisseau soit en lieu de sûreté pour l'ennemi qui l'a pris, & entiérement en sa puissance. Mais les Ordonnances de chaque Etat peuvent en disposer autrement,

(*a*) Droit de la G. & de la P. Liv. III. Chap. VI. §. III. not. 7.

(*b*) Voyez GROTIUS, *ibid.* & dans le texte.

ment, entre les Citoyens, (a) soit pour éviter les contestations, soit pour encourager les Vaisseaux armés à reprendre les Navires Marchands, que l'ennemi a enlevés.

On ne fait point ici attention à la justice, ou à l'injustice de la Cause. Il n'y auroit rien de stable parmi les hommes, nulle sûreté à commercer avec les Nations qui sont en guerre, si l'on pouvoit distinguer entre une Guerre juste & une Guerre injuste, pour attribuer à l'une des effets de Droit, que l'on refuseroit à l'autre : Ce seroit ouvrir la porte à une infinité de discussions & de querelles. Cette raison est si puissante, qu'elle a fait attribuer, au moins par rapport aux biens mobiliaires, les effets d'une Guerre publique à des expéditions, qui ne méritoient que le nom de brigandages, mais qui étoient faites par des Armées en forme. Lorsque les *Grandes-Compagnies*, après les Guerres des Anglois en France, couroient l'Europe & la pilloient, personne ne s'avisa de revendiquer le butin, qu'elles avoient enlevé & vendu. Aujourd'hui on ne seroit point reçu à reclamer un Vaisseau pris par les Corsaires de Barbarie, & vendu à un tiers, ou repris sur eux, quoique les pirateries de ces Barbares ne puissent que très-improprement être considérées comme des actes d'une Guerre en forme. Nous parlons ici du Droit externe : Le Droit interne & la Conscience obli-

(a) GROTIUS *ibid.*

obligent sans-doute à rendre à un tiers les choses que l'on reprend sur un ennemi, qui les lui avoit ravies dans une Guerre injuste, s'il peut reconnoître ces choses-là, & s'il paye les frais que l'on a faits pour les recouvrer. GROTIUS (*a*) rapporte un grand nombre d'exemples de Souverains & de Généraux, qui ont rendu généreusement un pareil butin, même sans rien exiger pour leurs frais ou pour leurs peines. Mais on n'en use ainsi, qu'à l'égard d'un butin nouvellement enlevé. Il seroit peu praticable de rechercher scrupuleusement les propriétaires de ce qui a été pris long-tems auparavant; d'ailleurs, ils ont sans-doute abandonné tout leur droit à des choses, qu'ils n'espéroient plus de recouvrer. C'est la commune façon de penser, sur ce qui se perd à la Guerre; on l'abandonne bien-tôt, comme perdu sans ressource.

§. 197. Les Immeubles, les Terres, les Villes, les Provinces, passent sous la puissance de l'ennemi qui s'en empare; mais l'acquisition ne se consomme, la propriété ne devient stable & parfaite, que par le Traité de Paix, ou par l'entière soumission & l'extinction de l'Etat, auquel ces Villes & Provinces appartenoient.

§. 198. Un tiers ne peut donc acquérir avec sûreté une Place, ou une Province conquise, jusques-à-ce que le Souverain qui l'a perduë y ait renoncé par le Traité de Paix, ou que, soumis sans retour, il ait perdu sa Souveraineté. Car

(*a*) Par le Traité de *Schwedt* du 6. Octobre 1713.

Car, tant que la Guerre continuë, tandis que le Souverain conserve l'espérance de recouvrer ses Possessions par les armes, un Prince neutre viendra-t-il lui en ôter la liberté, en achetant cette Place, ou cette Province, du Conquérant? Le prémier Maître ne peut perdre ses droits, par le fait d'un tiers; & si l'acquereur veut conserver son acquisition, il se trouvera impliqué dans la Guerre. C'est ainsi que le Roi de Prusse se mit au nombre des ennemis de la Suéde, en recevant Stettin des mains du Roi de Pologne & du Czar, sous le nom de séqueftre. (*a*) Mais aussi-tôt qu'un Souverain, par le Traité définitif de Paix, a cédé un pays au Conquérant, il a abandonné tout le droit qu'il y avoit, & il seroit absurde qu'il pût redemander ce pays à un nouveau Conquérant, qui l'arrache au prémier, ou à tout autre Prince, qui l'aura acquis à prix d'argent, par échange, & à quelque titre que ce soit.

§. 199. Le Conquérant qui enlève une Ville ou une Province à son Ennemi, ne peut y acquérir justement que les mêmes Droits qu'y possédoit le Souverain, contre lequel il a pris les armes. La Guerre l'autorise à s'emparer de ce qui appartient à son Ennemi: s'il lui ôte la souveraineté de cette Ville, ou de cette Province; il l'acquiert telle qu'elle est, avec ses limitations & ses modifications quelconques. Aussi a-t-on soin, pour l'ordinaire, soit dans les Capi-

(*a*) Liv. III. Chap. XVI.

Capitulations particulières, soit dans les Traités de Paix, de stipuler, que les Villes & pays cédés conserveront tous leurs Privilèges, Libertés & Immunités. Et pourquoi le Conquérant les en prive-t-il à cause des démêlés qu'il a avec leur Souverain? Cependant, si les habitans se sont rendus personnellement coupables envers lui, par quelque attentat, il peut, en forme de peine, les priver de leurs droits & de leurs franchises. Il le peut encore, si ces mêmes habitans ont pris les armes contre lui, & se sont ainsi rendus directement ses ennemis. Il ne leur doit alors autre chose que ce qu'un Vainqueur humain & équitable doit à des ennemis soumis. S'il les unit & les incorpore purement & simplement à ses anciens Etats, ils n'auront pas lieu de se plaindre.

Jusques-ici, je parle, comme on voit, d'une Ville, ou d'un pays qui ne fait pas simplement Corps avec une Nation, ou qui n'appartient pas pleinement à un Souverain, mais sur lequel cette Nation, ou ce Prince ont seulement certains Droits. Si la Ville ou la Province conquise étoit pleinement & parfaitement du Domaine d'une Nation ou d'un Souverain, elle passe sur le même pied au pouvoir du Vainqueur. Unie désormais au nouvel Etat auquel elle appartient, si elle perd à ce changement, c'est un malheur dont elle ne doit accuser que le sort des armes. Ainsi une Ville qui faisoit partie d'une

Répub-

République, ou d'une Monarchie limitée, qui avoit droit de députer au Conseil souverain, ou à l'Assemblée des Etats, si elle est justement conquise par un Monarque absolu, elle ne peut plus penser à des Droits de cette nature; la Constitution du nouvel Etat dont elle dépend, ne le souffre pas.

§. 200. Autrefois les particuliers mêmes perdoient leurs terres, par la Conquête. Et il n'est point surprenant, que telle fût la Coûtume dans les prémiers siécles de Rome. C'étoient des Républiques populaires, des Communautés, qui se faisoient la guerre ; l'Etat possédoit peu de chose, & la querelle étoit véritablement la Cause commune de tous les Citoyens. Mais aujourd'hui la Guerre est moins terrible pour les sujets ; les choses se passent avec plus d'humanité : Un Souverain fait la guerre à un autre Souverain, & non point au peuple desarmé. Le Vainqueur s'empare des Biens de l'Etat, des Biens publics, & les particuliers conservent les leurs. Ils ne souffrent de la Guerre qu'indirectement; & la Conquête les fait seulement changer de Maître.

§. 201. Mais si l'Etat entier est conquis, si la Nation est subjuguée; quel traitement pourra lui faire le Vainqueur, sans sortir des bornes de la Justice? Quels seront ses Droits sur sa Conquête? Quelques-uns ont osé avancer ce principe monstrueux, que le Conquérant est maître absolu de sa Conquête, qu'il peut en disposer, comme de son propre, la traiter comme il lui plaît, suivant l'expression commune, *traiter un Etat en pays conquis*: Et de-là ils tirent l'une des sources du Gouvernement *Despotique*. Laissons des gens, qui traitent les hommes comme des effets commerçables, ou comme des bêtes de charge, qui les livrent à la propriété, au domaine d'un autre homme; raisonnons sur des principes avoués de la Raison & convenables à l'humanité.

Tout le droit du Conquérant vient de la juste défense de soi-même, (§§. 3, 26. & 28.) laquelle comprend le maintien & la poursuite de ses droits Lors donc qu'il a entièrement vaincu une Nation ennemie, il peut sans doute, premièrement se faire justice sur ce qui a donné lieu à la Guerre, & se payer des dépenses & des dommages qu'elle lui a causés; il peut, selon l'exigence du cas, lui imposer des peines, pour l'exemple; il peut même, si la prudence l'y oblige, la mettre hors d'état de nuire si aisément dans la suite. Mais pour remplir toutes ces vûes, il doit préférer les moyens les plus doux, & se souvenir que la Loi Naturelle ne permet les maux que l'on fait à un ennemi, que précisément dans la mesure nécessaire à une juste défense & à une sûreté raisonnable pour l'avenir. Quelques Princes se sont contentés d'imposer un Tribut à la Nation vaincuë; d'autres, de la priver de quelques Droits, de lui ôter une Province, ou de la brider par des Forteresses. D'autres, n'en voulant qu'au Souverain seul, ont laissé la Nation dans tous ses droits, se bornant à lui donner un Maître de leur main. Mais

Mais si le Vainqueur juge à propos de retenir la souveraineté de l'Etat conquis, & se trouve en droit de le faire; la manière dont il doit traiter cet Etat, découle encore des mêmes principes. S'il n'a à se plaindre que du Souverain; la raison nous démontre qu'il n'acquiert, par sa Conquête, que les Droits qui appartenoient réellement à ce Souverain dépossédé; & aussi-tôt que le peuple se soumet, il doit le gouverner suivant les Loix de l'Etat. Si le peuple ne se soumet pas volontairement; l'état de Guerre subsiste.

Un Conquérant qui a pris les armes, non pas seulement contre le Souverain, mais contre la Nation elle-même; qui a voulu dompter un peuple féroce, & réduire une fois pour toutes un Ennemi opiniâtre: ce Conquérant peut avec justice, imposer des charges aux vaincus, pour se dédommager des frais de la Guerre, & pour les punir; il peut, selon le degré de leur indocilité, les régir avec un sceptre plus ferme & capable de les matter, les tenir quelque tems, s'il est nécessaire, dans une espèce de servitude. Mais cet état forcé doit finir dès que le danger cesse, dès que les vaincus sont devenus Citoyens. Car alors, le droit du Vainqueur expire, quant à ces voies de rigueur; puisque sa défense & sa sûreté n'exigent plus de précautions extraordinaires. Tout doit être enfin ramené aux règles d'un sage Gouvernement, aux Devoirs d'un bon Prince.

Lorsqu'un Souverain, se prétendant le maître absolu de la destinée d'un Peuple qu'il a vaincu, veut le réduire en esclavage, il fait subsister l'état de Guerre, entre ce Peuple & lui. Les Scythes disoient à ALEXANDRE le Grand : ,, Il n'y a jamais d'amitié entre le Maître & ,, l'Esclave : au milieu de la paix, le droit de la ,, guerre subsiste toûjours. ,, (*a*) Si quelqu'un dit, qu'il peut y avoir paix dans ce cas-là, & une espèce de Contrat, par lequel de Vainqueur accorde la vie, à condition que l'on se reconnoisse pour ses Esclaves : Il ignore que la Guerre ne donne point le droit d'ôter la vie à un ennemi desarmé & soumis. (§. 140.) Mais ne contestons point : Qu'il prenne pour lui cette Jurisprudence : il est digne de s'y soumettre. Les gens de cœur, qui comptent la vie pour rien, & pour moins que rien, si elle n'est accompagnée de la Liberté, se croiront toûjours en guerre avec cet Oppresseur; quoique de leur part, les actes en soient suspendus par impuissance. Disons donc encore, que si la Conquête doit être véritablement soumise au Conquérant, comme à son Souverain légitime, il faut qu'il la gouverne selon les vûes, pour lesquelles le Gouvernement Civil a été établi. Le Prince seul, pour l'ordinaire, donne lieu à la Guerre, & par conséquent à la Conquête. C'est bien assez

---

(*a*) *Inter Dominum & servum nulla amicitia est; etiam in pace, belli tamen jura servantur.* QUINT. CURT. Lib. VII. cap. VIII.

assez qu'un peuple innocent souffre les calamités de la guerre; faudra-t-il que la Paix même lui devienne funeste? Un Vainqueur généreux s'appliquera à soulager ses nouveaux sujets, à adoucir leur sort; il s'y croira indispensablement obligé: *La Conquête*, suivant l'expression d'un excellent homme, *laisse toûjours à payer une dette immense, pour s'acquitter envers la nature humaine.* (a)

Heureusement la bonne Politique se trouve ici, & par-tout ailleurs, parfaitement d'accord avec l'humanité. Quelle fidélité, quels secours pouvez-vous attendre d'un peuple opprimé? Voulez-vous que votre Conquête augmente véritablement vos forces, qu'elle vous soit attachée? traitez-la en Père, en véritable Souverain. J'admire la généreuse réponse de cet Ambassadeur de *Privernes*. Introduit devant le Sénat Romain, & le Consul lui disant. „Si nous „usons de clémence, quel fonds pourrons-„nous faire sur la paix, que vous venez nous „demander?„ L'Ambassadeur répondit: „Si „vous nous l'accordez à des conditions raison-„nables, elle sera sûre & éternelle; si non, elle „ne durera pas long-tems. „ Quelques uns s'offensoient d'un discours si hardi: Mais la plus saine partie du Sénat, trouva que le *Privernate* avoit parlé en homme libre. „Peut-on espérer, „disoient ces sages Sénateurs, qu'aucun peu-„ple,

(b) M. le Président de MONTESQUIOU, dans *l'Esprit des Loix*.

„ ple, ou aucun homme, demeure dans une
„ Condition dont il n'est pas content, dès que
„ la nécessité qui l'y retenoit viendra à cesser?
„ Comptez sur la paix, quand ceux à qui vous
„ la donnez la reçoivent volontiers. Quelle fi-
„ délité pouvez-vous attendre de ceux que vous
„ voulez réduire à l'esclavage? (*a*) La Domi-
„ nation la plus assûrée, disoit CAMILLE, est
„ celle qui est agréable à ceux-là même sur qui
„ on l'exerce. „ (*b*)

Tels sont les droits que la Loi Naturelle assigne au Conquérant, & les Devoirs qu'elle lui impose. La manière de faire valoir les uns & de remplir les autres, varie selon les circonstances. En général, il doit consulter les véritables intérêts de son Etat, & par une sage Politique, les concilier autant qu'il est possible, avec ceux de sa Conquête. Il peut, à l'exemple des Rois

de

(*a*) Quid, si pœnam, *inquit* (*Consul*,) remittimus vobis, qualem non pacem vobiscum habituros speremus? Si bonam dederitis, *inquit*, & fidam, & perpetuam: Si malam, haud diuturnam. *Tum vero minari, nec id ambigue Privernatem quidam, & illis vocibus ad rebellandum incitari pacatos populos. Pars melior Senatus ad meliora responsa trahere, & dicere*, viri, & liberi vocem auditam: an credi posse ullum populum, aut hominem denique in ea conditione, cujus eum pœniteat, diutiùs quam necesse sit mansurum? ibi pacem esse fidam, ubi voluntarii pacati sint: neque eo loco, ubi servitutem esse velint, fidem sperandam esse. TIT. LIV. *Lib.* VIII. *cap.* XXI.

(*b*) *Certè id firmissimum longè imperium est, quo obedientes gaudent.* TIT. LIV. Lib. VIII. cap. XIII.

de France, l'unir & l'incorporer à son Etat. C'est ainsi qu'en usoient les Romains. Mais ils y procédèrent différemment, selon les cas & les conjonctures. Dans un tems où Rome avoit besoin d'accroissement, elle détruisit la Ville d'Albe, qu'elle craignoit d'avoir pour rivale, mais elle en reçut les habitans dans son sein, & s'en fit autant de Citoyens. Dans la suite, en laissant subsister les Villes conquises, elle donna le Droit de Bourgeoisie Romaine aux vaincus. La Victoire n'eût pas été autant avantageuse à ces peuples, que le fut leur défaite.

Le Vainqueur peut encore se mettre simplement à la place du Souverain, qu'il a dépossédé. C'est ainsi qu'en ont usé les Tartares à la Chine: L'Empire a subsisté tel qu'il étoit, il a seulement été gouverné par une nouvelle Race de Souverains.

Enfin le Conquérant peut gouverner sa Conquête comme un Etat à part, en y laissant subsister la forme du Gouvernement. Mais cette méthode est dangereuse; elle ne produit pas une véritable union de forces: Elle affoiblit la Conquête, sans fortifier beaucoup l'Etat Conquérant.

§. 202. On demande, à qui appartient la Conquête; au Prince qui l'a faite, ou à son Etat? C'est une Question qui n'auroit jamais dû naître. Le Souverain peut-il agir, en cette qualité, pour quelqu'autre fin que pour le bien de l'Etat? A qui sont les forces, qu'il employe

dans

dans ſes guerres? Quand il auroit fait la Conquête à ſes propres fraix, des deniers de ſon épargne, de ſes biens particuliers & patrimoniaux; n'y employe-t-il pas le bras de ſes ſujets, n'y verſe-t-il pas leur ſang? Mais ſuppoſez encore, qu'il ſe fût ſervi de Troupes étrangères & mercénaires: n'expoſe-t-il pas ſa Nation au reſſentiment de l'Ennemi, ne l'entraîne-t-il pas dans la guerre? Et le fruit en ſera pour lui ſeul! N'eſt-ce pas pour la Cauſe de l'Etat, de la Nation, qu'il prend les armes? Tous les droits qui en naiſſent ſont donc pour la Nation.

Si le Souverain fait la guerre pour un ſujet qui lui eſt perſonnel, pour faire valoir, par exemple, un droit de ſucceſſion à une Souveraineté étrangère: la queſtion change. Cette affaire n'eſt plus celle de l'Etat. Mais alors la Nation doit être en liberté de ne s'en point mêler, ſi elle veut, ou de ſécourir ſon Prince. Que s'il a le pouvoir d'employer les forces de la Nation à ſoutenir ſes Droits perſonnels, il ne doit plus diſtinguer ces Droits de ceux de l'Etat. La Loi de France, qui réunit à la Couronne toutes les acquiſitions des Rois, devroit être la Loi de tous les Royaumes.

§. 203. Nous avons vû (§. 196.) comment on peut être obligé, non extérieurement, mais en Conſcience & par les Loix de l'Equité, à rendre à un tiers le butin repris ſur l'ennemi, qui le lui avoit enlevé dans Guerre injuſte. L'obligation eſt plus certaine & plus étenduë, à l'égard
d'un

d'un Peuple, que notre Ennemi avoit injuſtement opprimé. Car un Peuple ainſi dépouillé de ſa Liberté, ne renonce jamais à l'eſpérance de la recouvrer. S'il ne s'eſt pas volontairement incorporé dans l'Etat qui l'a conquis, s'il ne l'a pas librement aidé contre nous dans la Guerre, nous devons certainement uſer de notre Victoire; non pour lui faire changer ſeulement de Maître; mais pour rompre ſes fers. C'eſt un beau fruit de la Victoire, que de délivrer un Peuple opprimé; & c'eſt un grand gain que de s'acquérir ainſi un Ami fidèle. Le Canton de Schweitz ayant enlevé le pays de Glaris à la Maiſon d'Autriche, rendit aux habitans leur prémière Liberté, & Glaris, reçu dans la Confédération Helvétique, forma le ſixième Canton. (a)

CHAPITRE XIV.
Du Droit de Poſtliminie.

§. 204.

Le Droit de *Poſtliminie* eſt ce Droit en vertu duquel les perſonnes & les choſes priſes par l'Ennemi, ſont renduës à leur prémier état, quand elles reviennent ſous la Puiſſance de la Nation, à laquelle elles appartenoient.

§. 205.

(a) Hiſtoire de la Confédération Helvétique par M. DE WATTEVILLE, Liv. III. ſous l'année 1351.

§. 205. Le Souverain est obligé de protéger la personne & les biens de ses sujets, de les défendre contre l'Ennemi. Lors donc qu'un sujet, ou quelque partie de ses biens sont tombés entre les mains de l'ennemi; si quelque heureux évènement les remet en la puissance du Souverain, il n'y a nul doute qu'il ne doive les rendre à leur prémier état, retablir les personnes dans tous leurs droits, & dans toutes leurs obligations, rendre les biens aux propriétaires, & en mot, remettre toutes choses comme elles avant que l'ennemi s'en fût rendu maître.

La justice, ou l'injustice de la guerre n'apporte ici aucune différence; non - seulement parceque, suivant le Droit des Gens volontaire, la Guerre, quant à ses effets, est réputée juste de part & d'autre; mais encore parceque la Guerre, juste ou non, est la Cause de la Nation; & si les sujets qui combattent, ou qui souffrent pour elle, après être tombés, eux ou leurs biens, entre les mains de l'ennemi, se retrouvent, par un heureux accident, sous la puissance de leur Nation, il n'y a aucune raison de ne pas les rétablir dans leur prémier état: C'est comme s'ils n'eussent point été pris. Si la Guerre est injuste, ils avoient été pris injustement; rien de plus naturel que de les rétablir dès qu'on le peut; Si la Guerre est juste; ils ne sont pas plus obligés d'en porter la peine, que le reste de la Netion. La fortune fait tomber le mal sur eux, quand ils sont pris; elle les en délivre, lorsqu'ils échappent:

pent: C'est encore comme s'ils n'eussent point été pris. Ni leur Souverain, ni l'ennemi, n'ont aucun droit particulier sur eux; l'ennemi a perdu par un accident, ce qu'il avoit gagné par un autre.

§. 206. Les personnes retournent, les choses se recouvrent par Droit de *Postliminie*, lorsque ayent été prises par l'ennemi, elles retombent sous la puissance de leur Nation. (§. 204.) Ce Droit a donc lieu aussi-tôt que ces personnes, ou ces choses prises par l'ennemi, tombent entre les mains des soldats de la même Nation, ou se retrouvent dans l'Armée, dans le Camp, dans les Terres de leur Souverain, dans les lieux où il commande.

§. 207. Ceux qui se joignent à nous pour faire la guerre, ne font avec nous qu'un même parti; la Cause est commune, le Droit est un; ils sont considérés comme ne faisant qu'un avec nous. Lors donc que les personnes, ou les choses, prises par l'ennemi, sont reprises par nos Alliés, par nos Auxiliaires, ou retombent de quelque autre manière entre leurs mains: c'est précisément la même chose, quant à l'effet de Droit, que si elles se retrouvoient immédiatement en notre puissance; car la puissance de nos Alliés, & la nôtre, n'est qu'une dans cette Cause. Le Droit de *Postliminie* a donc lieu dans les mains de ceux qui font la guerre avec nous; les personnes & les choses, qu'ils délivrent des mains de l'ennemi, doivent être remises dans leur prémier état. Mais

Mais ce Droit a-t-il lieu dens les Terres de nos Alliés? Il faut distinguer. Si ces Alliés font Cause commune avec nous, s'ils sont Associés dans la Guerre; le Droit de *Postliminie* a nécessairement lieu pour nous, dans les Terres de leur obéissance, tout comme dans les nôtres. Car leur Etat est uni au nôtre, & ne fait qu'un même Parti, dans cette Guerre. Mais si, comme cela se pratique souvent aujourd'hui, un Allié se borne à nous fournir les secours stipulés dans les Traités, sans rompre lui-même avec notre Ennemi (leurs deux Etats continuant à observer la paix, dans leurs relations immédiates) alors, les Auxiliaires seuls, qu'il nous envoye, sont participans & associés à la Guerre; ses Etats gardent la Neutralité.

§. 208. Or le Droit de *Postliminie* n'a point lieu chez les Peuples neutres. Car quiconque veut demeurer neutre dans une Guerre, est obligé de la considérer, quant à ses effets, comme également juste de part & d'autre, & par conséquent, de regarder comme bien acquis, tout ce qui est pris par l'un ou l'autre parti. Accorder à l'un le droit de revendiquer les choses enlevées par l'autre, ou le Droit de *Postliminie*, dans ses Terres, ce seroit se déclarer pour lui, & quitter l'état de Neutralité.

§. 209. Naturellement toute sorte de biens pourroient se recouvrer par Droit de *Postliminie*; & pourvû qu'on les reconnoisse certainement, il n'y a aucune raison intrinséque d'en excepter les

biens

biens mobiliaires. Auſſi voyons-nous que les Anciens ont ſouvent rendu à leurs prémiers maîtres, ces ſortes de choſes, repriſes ſur l'Ennemi. (a) Mais la difficulté de reconnoître les biens de cette nature, & les différends ſans nombre, qui naîtroient de leur revendication, ont fait établir généralement un uſage contraire. Joignez à cela, que le peu d'eſpérance qui reſte de recouvrer des effets pris par l'Ennemi, & une fois conduits en lieu de ſûreté, fait raiſonnablement préſumer, qu'ils ſont abandonnés par les anciens propriétaires. C'eſt donc avec raiſon que l'on excepte du Droit de *Poſtliminie*, les choſes mobiliaires, ou le butin, à moins qu'il ne ſoit repris tout de ſuite à l'ennemi qui venoit de s'en ſaiſir; auquel cas, il n'eſt ni difficile à reconnoître, ni préſumé abandonné par le propriétaire. Or la Coûtume étant une fois reçuë & bien établie, il ſeroit injuſte d'y donner atteinte. Il eſt vrai que les Eſclaves, chez les Romains, n'étoient pas traités comme les autres biens mobiliaires; on les rendoit à leurs Maîtres, par Droit de *Poſtliminie*, lors même qu'on ne rendoit pas le reſte du butin. La raiſon en eſt claire; comme il eſt toûjours aiſé de reconnoître un Eſclave, & de ſçavoir à qui il a appartenu: le Maître conſervant l'eſpérance de le recouvrer, n'étoit pas préſumé avoir abandonné ſon droit. §. 210.

(a) Voyez-en pluſieurs exemples dans GROTIUS Liv. III. Chap. XVI. §. II.

Partie I. O

§. 210. Les Prisonniers de Guerre, qui ont donné leur parole, les Peuples & les Villes qui se sont soumis à l'Ennemi, qui lui ont promis, ou juré fidélité, ne peuvent d'eux-mêmes retourner à leur prémier état, par Droit de *Postliminie*. Car la foi doit être gardée, même aux Ennemis. (§. 174.)

§. 211. Mais si le Souverain reprend ces villes, ces pays, ou ces prisonniers, qui s'étoient rendus à l'ennemi; il recouvre tous les droits qu'il avoit sur eux, & il doit les rétablir dans leur prémier état. (§. 205.) Alors ils jouissent du Droit de *Postliminie*, sans manquer à leur parole, sans violer leur foi donnée. L'ennemi perd par les armes, le droit, qu'il avoit acquis par les armes. Mais il y a une distinction à faire, au sujet des Prisonniers de guerre : S'ils étoient entièrement libres sur leur parole ; ils ne sont point délivrés par cela seul, qu'ils tombent sous la puissance de leur Nation; puisqu'ils pouvoient même aller chez eux, sans cesser d'etre prisonniers : La Volonté seule de celui qui les a pris, ou sa soumission entière, peut les dégager. Mais s'ils ont seulement promis de ne pas s'enfuir (promesse qu'ils font souvent, pour éviter les incommodités d'une prison) ils ne sont tenus qu'à ne pas sortir d'eux-mêmes des Terres de l'Ennemi, ou de la Place, qui leur est assignée pour demeure; & si les Troupes de leur parti viennent à s'emparer du lieu où ils habitent, ils sont remis en liberté, rendus à leur Nation

Nation & à leur prémier état, par le Droit des armes.

§. 212. Quand une Ville soumise par les armes de l'Ennemi, est reprise par celles de son Souverain, elle est rétablie dans son prémier état, comme nous venons de le voir, & par conséquent dans tous ses droits. On demande, si elle recouvre de cette manière ceux de ses biens, que l'Ennemi avoit aliénés, lorsqu'il étoit le Maître? Il faut d'abord distinguer entre les biens mobiliaires, qui ne se recouvrent point par Droit de *Postliminie*, (§. 202.) & les Immeubles. Les prémiers appartiennent à l'ennemi qui s'en empare, & il peut les aliéner sans retour. Quant aux Immeubles, il faut se souvenir que l'acquisition d'une Ville prise dans la Guerre, n'est pleine & consommée que par le Traité de Paix, ou par la soumission entière, par la destruction de l'Etat auquel elle appartenoit. (§. 197.) Jusques-là, il reste au Souverain de cette Ville l'espérance de la reprendre, ou de la recouvrer par la Paix: Et du moment qu'elle retourne en sa puissance, il la rétablit dans tous ses droits; (§. 205.) & par conséquent elle recouvre tous ses biens, autant que de leur nature ils peuvent être recouvrés. Elle reprendra donc ses Immeubles, des mains de ceux qui se sont trop pressés de les acquérir. Ils ont fait un marché hazardeux, en les achetant de celui qui n'y avoit pas un droit absolu; & s'ils ont une perte, ils ont bien voulu s'y exposer: Mais si cette Ville avoit été cédée à l'Ennemi

nemi par un Traité de paix, ou si elle étoit tombée pleinement en sa puissance, par la soumission de l'Etat entier ; le Droit de *Postliminie* n'a plus de lieu pour elle, & ses biens, aliénés par le Conquérant, le sont validement & sans retour : Elle ne peut les reclamer, si dans la suite, une heureuse révolution la soustrait au joug du Vainqueur. Lors qu'ALEXANDRE fit présent aux Thessaliens de la somme qu'ils devoient aux Thébains, (voyez ci-dessus §. 77.) il étoit Maître absolu de la République de Thébes, dont il détruisit la Ville & fit vendre les habitans.

Les mêmes décisions ont lieu pour les Immeubles des particuliers, prisonniers ou non, aliénés par l'Ennemi pendant qu'il étoit maître du pays. GROTIUS propose la question (a) à l'égard des Biens immeubles, possédés en pays neutre, par un Prisonnier de Guerre. Mais cette question est nulle, dans nos principes ; car le Souverain qui fait un prisonnier à la Guerre, n'a d'autre droit que celui de le retenir jusqu'à la fin de la guerre, ou jusqu'à ce qu'il soit racheté ; (§§. 148. & suiv.) & il n'en acquiert aucun sur ses biens, si non en tant qu'il peut s'en saisir. Il est impossible de trouver aucune raison naturelle, pourquoi celui qui tient un prisonnier, auroit le droit de disposer de ses biens, quand ce prisonnier ne les a pas auprès de lui.

§. 213. Lors qu'une Nation, un peuple, un Etat a été subjugué tout entier, on demande, si une

(a) Liv. III. Chap. IX. §. VI.

une révolution peut le faire jouir du Droit de *Postliminie* ? Il faut encore distinguer les cas, pour bien répondre à cette question. Si cet Etat subjugué n'a point encore donné les mains à sa nouvelle sujettion, s'il ne s'est pas rendu volontairement, & s'il a seulement cessé de résister, par impuissance; si son Vainqueur n'a point quitté l'épée de Conquérant, pour prendre le sceptre d'un Souverain équitable & pacifique: alors ce Peuple n'est pas véritablement soumis, il est seulement vaincu & opprimé; & lorsque les armes d'un Allié le délivrent, il retourne sans doute à son prémier état. (§. 207.) Son Allié ne peut devenir son Conquérant; c'est un Libérateur, qu'il est seulement obligé de récompenser. Que si le dernier Vainqueur, n'étant point allié de l'Etat dont nous parlons, prétend le retenir sous ses Loix, comme un prix de sa Victoire, il se met à la place du prémier Conquérant, & devient l'ennemi de l'Etat opprimé par celui-ci: Cet Etat peut lui résister légitimement, & profitter d'une occasion favorable, pour recouvrer sa Liberté. S'il avoit été opprimé injustement, celui qui l'arrache au joug de l'oppresseur, doit le rétablir généreusement dans tous ses Droits. (§. 203.)

La question change, à l'égard d'un Etat qui s'est rendu volontairement au Vainqueur. Si les peuples, traités non plus en ennemis, mais en vrais sujets, se sont soumis à un Gouvernement légitime; ils relèvent désormais d'un nouveau Souverain, ou ils font incorporés à l'Etat conquérant, ils en font partie, ils fuivent fa deftinée. Leur ancien Etat eft abfolument détruit; toutes fes rélations, toutes fes Alliances expirent. Quel que foit donc le nouveau Conquérant, qui fubjugue dans la fuite l'Etat auquel ces peuples font unis, ils fubiffent le fort de cet Etat, comme la partie fuit le fort du tout. C'eft ainfi que les Nations en ont ufé dans tous les tems; je dis les Nations même juftes & équitables: fur-tout à l'égard d'une Conquête ancienne. Les plus modérés fe bornent à remettre en Liberté un peuple nouvellement foumis, qu'ils ne jugent pas encore parfaitement incorporé, ni bien uni d'inclination à l'Etat qu'ils ont vaincu.

Si ce peuple fecouë le joug lui-même, & fe remet en Liberté, il rentre dans tous fes Droits, il retourne à fon prémier état; & les Nations étrangères ne font point en droit de juger s'il s'eft fouftrait à une Autorité légitime, ou s'il a rompu fes fers. Ainfi le Royaume de Portugal, qui avoit été envahi par PHILIPP II. Roi d'Efpagne, fous couleur d'un Droit héréditaire, mais en effet par la force, ou par la terreur des armes, rétablit fa Couronne indépendante, & rentra dans fes droits anciens, quand il chaffa les Efpagnols & mit fur le Trône le Duc de BRAGANCE.

Les

---

* Voyez le D. d. G. Liv. II. §. 203.

§. 214. Les Provinces, les Villes & les Terres, que l'Ennemi rend par le Traité de Paix, jouïssent sans-doute du Droit de *Postliminie*. Car le Souverain doit les rétablir dans leur prémier état, dès qu'elles retournent en sa puissance (§. 205.), de quelque façon qu'il les recouvre. Quand l'Ennemi rend une Ville, à la paix, il renonce au droit que les armes lui avoient acquis; c'est comme s'il ne l'eût jamais prise. Il n'y a là aucune raison qui puisse dispenser le Souverain de la remettre dans ses droits, dans son prémier état.

§. 215. Mais tout ce qui est cédé à l'Ennemi, par le Traité de Paix, est véritablement & pleinement aliéné. Il n'a plus rien de commun avec le droit de *Postliminie*; à moins que le Traité de Paix ne soit rompu & annullé.

§. 216. Et comme les choses dont le Traité de paix ne dit rien, restent dans l'état où elles se trouvent au moment que la Paix est concluë, & sont tacitement cédées, de part ou d'autre, à celui qui les posséde; disons en général, que le Droit de Postliminie n'a plus de lieu après la paix concluë. Ce Droit est entièrement rélatif à l'état de Guerre.

§. 217. Cependant, & par cette raison même, il y a ici une exception à faire, en faveur des Prisonniers de guerre. Leur Souverain doit les délivrer à la paix (§. 154.). S'il ne le peut, si le sort des armes le force à recevoir des Conditions dures & iniques; l'Ennemi, qui devroit relâcher les Prisonniers, lorsque la Guerre est finie, lorsqu'il n'a plus rien à craindre d'eux (§. §. 150. & 153.), continue avec eux l'état de Guerre, s'il les retient en captivité, & sur-tout s'il les réduit en esclavage (§. 152.). Ils sont donc en droit de se tirer de ses mains, s'ils en ont les moyens, & de revenir dans leur Patrie, tout comme en tems de Guerre, puisque la Guerre continue à leur égard: Et alors, le Souverain, qui doit les protéger, est obligé de les rétablir dans leur prémier état (§. 205.).

§. 218. Disons plus, ces Prisonniers, retenus après la paix, sans raison légitime, sont libres, dès qu'échappés de leur prison, ils se trouvent en pays neutre. Car des ennemis ne peuvent être poursuivis & arrêtés en pays neutre (§. 132.); & celui qui retient après la paix un prisonnier innocent, persiste à être son ennemi. Cette règle doit avoir, & a effectivement lieu, entre les Nations, chez lesquelles l'esclavage des prisonniers de guerre n'est point reçu & autorisé.

§. 219. Il est assez clair, par tout ce que nous venons de dire, que les prisonniers de guerre doivent être considérés comme des Citoyens, qui peuvent revenir un jour dans la Patrie; & lorsqu'ils reviennent, le Souverain est obligé de les rétablir dans leur prémier état. De là il suit évidemment, que les droits de ces Prisonniers, & les obligations auxquelles ils sont astreints, ou les droits d'autrui sur eux, subsistent

stent dans leur entier, & demeurent seulement suspendus, pour la plûpart, quant à leur exercice, pendant le tems de la prison.

§. 220. Le prisonnier de guerre conserve donc le droit de disposer de ses biens, & en particulier, d'en disposer à cause de mort; & comme il n'y a rien dans son état de captivité, qui puisse lui ôter l'exercice de son droit à ce dernier égard; le Testament d'un prisonnier de guerre doit valoir dans sa Patrie, si aucun vice inhérent ne le rend caduc.

§. 221. Chez les Nations qui ont rendu le Mariage indissoluble, ou qui l'établissent pour la vie, à moins qu'il ne soit dissous par le Juge, le lien subsiste, malgré la captivité de l'un des conjoints; & celui-ci, de retour chez lui, rentre dans tous ses droits matrimoniaux, par Droit de *Postliminie*.

§. 222. Nous n'entrons point ici dans le détail de ce qui est établi, à l'égard du Droit de *Postliminie*, par les Loix Civiles de quelques Peuples. Observons seulement, que ces règlemens particuliers n'obligent que les sujets de l'Etat, & n'ont aucune force contre les Etrangers. Nous ne touchons pas non-plus à ce qui est règlé dans les Traités: Ces Conventions particulières établissent un Droit pactice, qui ne regarde que les contractans. Les Coûtumes introduites par un long & constant usage, lient les Peuples qui y ont donné un consentement tacite, & doivent être respectées, quand elles n'ont rien de contraire à la Loi Naturelle. Mais celles qui donnent atteinte à cette Loi sacrée, sont vicieuses & sans force. Loin de se conformer à de pareilles Coûtumes, toute Nation est obligée de travailler à les faire abolir. Chez les Romains le Droit de *Postliminie* avoit lieu, même en pleine paix, à l'égard des Peuples, avec lesquels Rome n'avoit *ni liaisons d'Amitié, ni droit d'Hospitalité, ni Alliance* (*a*). C'est que ces Peuples-là, ainsi que nous l'avons déja observé, étoient regardés en quelque façon comme ennemis. Des mœurs plus douces ont aboli presque par-tout ce reste de barbarie.

CHAPITRE XV.
Du Droit des Particuliers dans la Guerre.

§. 223.

LE Droit de faire la guerre, comme nous l'avons montré dans le Chapitre I. de ce Livre, appartient uniquement à la Puissance souveraine. Non-seulement c'est à elle de décider, s'il convient d'entreprendre la guerre, & de la déclarer; il lui appartient encore d'en diriger toutes les opérations, comme des choses de la dernière importance pour le salut de l'Etat. Les sujets ne peuvent donc agir ici d'eux-mêmes,

---

(*a*) DIGEST. Lib. XLIX. *De Capt. & Postlim.* Leg. V. §. 2.

mes, & il ne leur est pas permis de commettre aucune hostilité, sans ordre du Souverain. Bien entendu, que la défense de soi-même n'est pas comprise ici, sous le terme d'hostilités. Un sujet peut bien repousser la violence même d'un concitoyen, quand le secours du Magistrat lui manque; à plus forte raison pourra-t-il se défendre contre l'attaque inopinée des étrangers.

§. 224. L'ordre du Souverain, qui commande les actes d'hostilité, & qui donne le droit de les commettre, est ou général, ou particulier. La Déclaration de guerre, qui commande à tous les sujets *de courrir sus aux sujets de l'Ennemi*, porte un Ordre général. Les Généraux, les Officiers, les Soldats, les Armateurs & les Partisans, qui ont des Commissions du Souverain, font la guerre, en vertu d'un ordre particulier.

§. 225. Mais si les sujets ont besoin d'un ordre du Souverain, pour faire la guerre, c'est uniquement en vertu des Loix essentielles à toute Société Politique, & non par l'effet de quelque obligation relative à l'Ennemi. Car dès le moment qu'une Nation prend les armes contre une autre, elle se déclare ennemie de tous les individus qui composent celle-ci, & les autorise à la traiter comme telle. Quel droit auroit-elle de se plaindre des hostilités, que des particuliers commettroient contre elle, sans ordre de leur Supérieur. La règle dont nous parlons se rapporte donc au Droit Public général,

plû-

plûtôt qu'au Droit des Gens proprement dit, ou aux Principes des obligations réciproques des Nations.

§. 226. A ne considérer que le Droit des Gens en lui-même, dès que deux Nations sont en guerre, tous les sujets de l'une peuvent agir hostilement contre l'autre, & lui faire tous les maux autorisés par l'état de Guerre. Mais si deux Nations se choquoient ainsi de toute la masse de leurs forces, la Guerre deviendroit beaucoup plus cruelle & plus destructive, il seroit difficile qu'elle finît autrement que par la ruïne entière de l'un des partis, & l'exemple des Guerres anciennes le prouve de reste : On peut se rappeller les prémières Guerres de Rome, contre les Républiques Populaires qui l'environnoient. C'est donc avec raison que l'usage contraire a passé en coûtume chez les Nations de l'Europe, au moins chez celles qui entretiennent des Troupes règlées, ou des Milices sur pied. Les Troupes seules font la guerre, le reste du peuple demeure en repos. Et la nécessité d'un ordre particulier est si bien établie, que lors même que la Guerre est déclarée entre deux Nations, si des paysans commettent d'eux-mêmes quelques hostilités, l'ennemi les traite sans ménagement, & les fait pendre, comme il feroit des voleurs ou des brigands. Il en est de même de ceux qui vont en Course sur mer : Une Commission de leur Prince, ou de l'Amiral, peut seule les assurer, s'ils sont pris, d'être traités com-

PREMIERE PARTIE. CHAPITRE XV. 219

comme des prisonniers, fait dans une Guerre en forme.

§. 227. Cependant on voit encore dans les Déclarations de Guerre, l'ancienne formule, qui ordonne à tous les sujets, non seulement de rompre tout commerce avec les ennemis, mais de leur *courrir sus*. L'usage interpréte cet ordre général. Il autorise, à la vérité, il oblige même tous les sujets, de quelque qualité qu'ils soient, à arrêter les personnes & les choses appartenantes à l'Ennemi, quand elles tombent entre leurs mains; mais il ne les invite point à entreprendre aucune expédition offensive, sans Commission, ou sans ordre particulier.

§. 228. Cependant il est des occasions, où les sujets peuvent présumer raisonnablement la volonté de leur Souverain, & agir en conséquence de son Commandement tacite. C'est ainsi, que, malgré l'usage, qui réserve communément aux Troupes les opérations de la Guerre, si la Bourgeoisie d'une Place forte prise par l'Ennemi, ne lui a point promis ou juré la soumission, & qu'elle trouve une occasion favorable de surprendre la Garnison & de remettre la Place sous les Loix du Souverain; elle peut hardiment présumer que le Prince approuvera cette généreuse Entreprise. Et qui ôsera la condamner ? Il est vrai que, si cette Bourgeoisie manque son coup, l'Ennemi la traitera avec beaucoup de rigueur. Mais cela ne prouve point, que l'entreprise soit illégitime, ou contraire au Droit de la Guerre. L'Ennemi

use

use de son droit, du droit des armes, qui l'autorise à employer jusqu'à un certain point, la terreur, pour empêcher que les sujets du Souverain à qui il fait la guerre, ne se hazardent facilement à tenter de ces coups hardis, dont le succès pourroit lui devenir funeste. Nous avons vû dans la dernière Guerre, le peuple de Gènes prendre tout-à-coup les armes de lui-même & chasser les Ennemis de la Ville. La République célébre chaque année la mémoire d'un événement, qui la remit en liberté.

§. 229. Les Armateurs, qui équippent à leurs frais des Vaisseaux, pour aller en course, acquiérent la propriété du butin, en récompense de leurs avances & des périls qu'ils courrent, & ils l'acquiérent par la concession du Souverain, qui leur délivre des Commissions. Le Souverain leur céde ou le butin entier, ou une partie; cela dépend de l'espèce de Contrat qu'il fait avec eux.

Les sujets n'étant pas obligés de peser scrupuleusement la justice de la Guerre, qu'ils ne sont pas toûjours à portée de bien connoître, & sur laquelle, en cas de doute, ils doivent s'en rapporter au jugement du Souverain (§. 187.); il n'y a nul doute, qu'ils ne puissent en bonne Conscience servir leur Patrie, en armant des Vaisseaux pour la Course; à moins que la Guerre ne soit évidemment injuste. Mais au contraire, c'est pour des Etrangers un métier honteux, que celui de prendre des Commissions d'un

Premiere Partie. Chapitre XV. 221

d'un Prince, pour pirater sur une Nation absolument innocente à leur égard. La soif de l'or est le seul motif qui les y invite; & la Commission qu'ils reçoivent, en les assurant de l'impunité, ne peut laver leur infamie. Ceux-là seuls sont excusables, qui assistent de cette manière une Nation, dont la Cause est indubitablement juste, qui n'a pris les armes que pour se garentir de l'oppression: Ils seroient même louables, si la haine de l'oppression, si l'amour de la Justice, plûtôt que celui du gain, les excitoit à de généreux efforts, à exposer aux hazards de la Guerre leur vie, ou leur fortune.

§. 230. Le noble but de s'instruire dans le métier de la Guerre, & de se rendre ainsi plus capable de servir utilement la Patrie, a établi l'usage de servir comme Volontaire, même dans des Armées étrangères; & une fin si louable justifie sans-doute cet usage. Les Volontaires sont traités aujourd'hui par l'ennemi qui les fait prisonniers, comme s'ils étoient attachés à l'Armée, dans laquelle ils combattent. Rien n'est plus juste. Ils s'unissent de fait à cette Armée, ils soutiennent la même Cause; peu importe que ce soit en vertu de quelque obligation, ou par l'effet d'une volonté libre.

§. 231. Les soldats ne peuvent rien entreprendre sans le commandement, exprès ou tacite, de leurs Officiers; car ils sont faits pour obéir & exécuter, & non pour agir de leur chef; ils ne sont que des instruments dans la main de leurs
Com-

Commandans. On se rappellera ici ce que nous entendons par un ordre tacite; c'est celui qui est nécessairement compris dans un ordre exprès, ou dans les fonctions commises par un Supérieur. Ce qui est dit des soldats, doit s'entendre à proportion des Officiers, & de tous ceux qui ont quelque Commandement subalterne. On peut donc, à l'égard des choses dont le soin ne leur est point commis, comparer les uns & les autres aux simples particuliers, qui ne doivent rien entreprendre sans ordre. L'obligation des Gens de guerre est même beaucoup plus étroite; car les Loix Militaires défendent expressément d'agir sans ordre : Et cette Discipline est si nécessaire, qu'elle ne laisse presque aucun lieu à la présomption. A la Guerre, une entreprise, qui paroîtra fort avantageuse, & d'un succès presque certain, peut avoir des suites funestes; il seroit dangereux de s'en rapporter au jugement des subalternes, qui ne connoissent pas toutes les vûes du Général, & qui n'ont pas ses lumières; il n'est pas à présumer que son intention soit de les laisser agir d'eux-mêmes. Combattre sans ordre, c'est presque toûjours, pour un homme de Guerre, combattre contre l'ordre exprès, ou contre la défense. Il ne reste donc guères que le cas de la défense de soi-même, où les soldats & les Subalternes puissent agir sans ordre. Dans ce cas, l'ordre se présume avec sûreté; ou plûtôt le droit de défendre sa personne ne de toute violence, appartient naturellement à chacun, & n'a besoin d'aucune permission. Pendant le siége de Prague, dans la dernière Guerre, des Grenadiers François, sans ordre & sans Officiers, firent une sortie, s'emparèrent d'une batterie, enclouèrent une partie du Canon, & emmenèrent l'autre dans la Place. La sévérité Romaine les eût punis de mort. On connoît le fameux exemple du Consul MANLIUS (a), qui fit mourir son propre fils victorieux, parce qu'il avoit combattu sans ordre. Mais la différence des tems & des mœurs oblige un Général à tempérer cette sévérité. Mr. le Maréchal de BELLE-ISLE réprimanda en public ces braves Grenadiers; mais il leur fit distribuer sous main de l'argent, en récompense de leur courage & de leur bonne volonté. Dans un autre siége fameux de la même Guerre, au siége de Coni, les soldats de quelques Bataillons logés dans les fossés, firent d'eux-mêmes, en l'absence des Officiers, une sortie vigoureuse, qui leur réussit. M. le Baron de LEUTRUM fut obligé de pardonner cette faute, pour ne pas éteindre une ardeur, qui faisoit toute la sûreté de sa Place. Cependant il faut, autant qu'il est possible, réprimer cette impétuosité désordonnée; elle peut devenir funeste. AVIDIUS-CASSIUS punit de mort quelques Officiers de son Armée, qui étoient allés sans ordre, avec une

_____
(a) TIT. LIV. Lib. VIII. cap. VII.

Partie I. P

une poignée de monde, surprendre un Corps de 3000. hommes, & l'avoient taillé en piéces. Il justifia cette rigueur, en disant, *qu'il pouvoit se faire qu'il y eût une embuscade*: Dicens *evenire potuisse ut essent insidia &c.* (*a*).

§. 232. L'Etat doit-il dédommager les particuliers, des pertes qu'ils ont souffertes dans la Guerre? On peut voir dans GROTIUS (*b*) que les Auteurs se sont partagés sur cette question. Il faut distinguer ici deux sortes de dommages; ceux que cause l'Etat, ou le Souverain lui-même, & ceux que fait l'Ennemi. De la prémière espèce, les uns sont causés librement & par précaution, comme quand on prend le Champ, la Maison, ou le Jardin d'un particulier, pour y construire le rempart d'une Ville, ou quelque autre piéce de fortification; quand on détruit ses moissons, ou ses magasins, dans la crainte que l'ennemi n'en profite. L'Etat doit payer ces sortes de dommages au particulier, qui n'en doit supporter que sa *quotepart*. Mais d'autres dommages sont causés par une nécessité inévitable; tels sont, par exemple, les ravages de l'Artillerie, dans une Ville, que l'on reprend sur l'Ennemi. Ceux-ci sont des accidens, des maux de la fortune pour les propriétaires sur qui ils tombent. Le Souverain doit équitablement y avoir égard, si l'état de ses

(*a*) VULCATIUS GALLICAN. cité par GROTIUS Liv. III. Ch. XVIII. §. I. not. 6.
(*b*) Liv. III. Chap. XX. §. VIII.

ses affaires le lui permet; mais on n'a point d'action contre l'Etat, pour des malheurs de cette nature, pour des pertes, qu'il n'a point causées librement, mais par nécessité & par accident, en usant de ses droits. J'en dis autant des dommages causés par l'Ennemi. Tous les sujets sont exposés à ces dommages: malheur à celui sur qui ils tombent. On peut bien, dans une société, courrir ce risque pour les biens, puisqu'on le court pour la vie. Si l'Etat devoit à rigueur dédommager tous ceux qui perdent de cette manière, les finances publiques seroient bientôt épuisées; il faudroit que chacun contribuât du sien, dans une juste proportion; ce qui seroit impraticable. D'ailleurs ces dédommagemens seroient sujets à mille abus, & d'un détail effrayant. Il est donc à présumer que ce n'a jamais été l'intention de ceux qui se sont unis en société.

Mais il est très-conforme aux devoirs de l'Etat & du Souverain, & très-équitable par conséquent, très-juste même, de soulager autant qu'il se peut les infortunés, que les ravages de la Guerre ont ruinés, de même que de prendre soin d'une famille, dont le Chef & le soutien a perdu la vie pour le service de l'Etat. Il est bien des Dettes sacrées, pour qui connoît ses devoirs, quoiqu'elles ne donnent point d'action contre lui.

CHAPITRE XVI.
De diverses Conventions, qui se font dans le cours de la Guerre.

§. 233.

LA Guerre deviendroit trop cruelle & trop funeste, si tout commerce étoit absolument rompu entre Ennemis. Il reste encore, suivant la remarque de GROTIUS (*a*), des *Commerces de Guerre*, comme VIRGILE (*b*) & TACITE (*c*) les appellent. Les occurrences, les événemens de la Guerre obligent les Ennemis à faire entre-eux diverses Conventions. Comme nous avons traité en général de la Foi qui doit être gardée entre ennemis, nous sommes dispensés de prouver ici l'obligation de remplir avec fidélité ces Conventions, faites pendant la Guerre: Il nous reste à en expliquer la nature. On convient quelquefois de suspendre les hostilités, pour un certain tems : Si cette Convention est faite seulement pour un terme fort court, & pour quelque lieu en particulier, on l'appelle *Cessation* ou *Suspension d'armes*. Telles sont celles qui se font pour enterrer les morts, après un assaut, ou après un combat, & pour un

pour-

(*a*) Liv. III. Chap. XXI. §. I.
(*b*) - - - - - - - *Belli Commercia Turnus Sustulit ista prior* - - - - - - - Æneid. X. v. 532.
(*c*) Annal. Lib. XIV. cap. XXXIII.

pourparler, pour une Conférence entre les Chefs ennemis. Si l'Accord est pour un tems plus considérable, & sur-tout s'il est général, on l'appelle plus particulièrement du nom de *Trève*. Plusieurs se servent indifféremment de l'une ou de l'autre de ces expressions.

§. 234. La *Trève*, ou la *Suspension d'armes* ne termine point la Guerre; elle en suspend seulement les actes.

§. 235. La Trève est particulière, ou universelle. Dans la prémière, les hostilités cessent seulement en certains lieux, comme entre une Place & l'Armée qui en fait le siége. La seconde les fait cesser généralement & en tous lieux, entre les deux Puissances qui sont en Guerre. On pourroit encore distinguer des Trèves particulières, par rapport aux actes d'hostilité, ou aux personnes; c'est-à-dire que l'on peut convenir de s'abstenir, pour un tems, de certaine espèce d'hostilités, ou que deux Corps d'Armée peuvent arrêter entre-eux une Trève ou Suspension d'armes, sans rapport à aucun lieu.

§. 236. Quand une Trève générale est à longues années, elle ne diffère guères de la paix, sinon en ce qu'elle laisse indécise la question qui fait le sujet de la Guerre. Lorsque deux Nations sont lasses de la Guerre, sans pouvoir convenir sur ce qui forme leurs différends, elles ont recours à cette espèce d'Accord. C'est ainsi qu'il ne s'est fait communément, au lieu de Paix, que des Trèves à longues années, entre les

Chre-

Chrétiens & les Turcs. Tantôt par un faux esprit de Religion, tantôt parceque ni les uns ni les autres n'ont voulu se reconnoître réciproquement pour maîtres légitimes de leurs Possessions respectives.

§. 237. Pour qu'un Accord soit valide, il faut qu'il soit fait avec un pouvoir suffisant. Tout ce qui se fait à la Guerre est fait en l'autorité de la Puissance Souveraine, qui seule a le droit & d'entreprendre la Guerre & d'en diriger les opérations (§. 4.). Mais il est impossible qu'elle exécute tout par elle-même ; il faut nécessairement qu'elle communique une partie de son Pouvoir à ses Ministres & Officiers. Il s'agit de sçavoir quelles sont les choses, dont le Souverain se réserve la disposition, & quelles on présume naturellement qu'il confie aux Ministres de ses volontés, aux Généraux & autres Officiers à la Guerre. On a déja établi ailleurs * le Principe, qui doit servir ici de règle générale. S'il n'y a point de Mandement spécial du Souverain, celui qui commande en son nom est censé revetû de tous les Pouvoirs nécessaires pour l'exercice raisonnable & salutaire de ses fonctions, pour tout ce qui est une suite naturelle de sa Commission ; le reste est réservé au Souverain, qu'on ne présume point avoir communiqué de son pouvoir, au-delà de ce qui est nécessaire pour le bien des affaires. Suivant cette règle, la Trève générale ne peut être concluë

* V. le D. d. G. Lib. II. §. 207.

clu ë & arrêtée que par le Souverain lui-même, ou par celui à qui il en a expressément donné le pouvoir. Car il n'est point nécessaire, pour le succès des opérations, qu'un Général soit revêtu d'une Autorité si étenduë. Elle passeroit les termes de ses fonctions, qui sont, de diriger les opérations de la Guerre, là où il commande, & non de régler les intérêts généraux de l'Etat. La conclusion d'une Trève générale est une chose si importante, que le Souverain est toûjours censé se l'être réservée. Un pouvoir si étendu ne convient qu'au Gouverneur, ou Viceroi d'un pays éloigné, pour les Etats qu'il gouverne; encore, si la Trève est à longues années, est-il naturel de présumer qu'elle a besoin de la ratification du Souverain. Les Consuls & autres Généraux Romains pouvoient accorder des Trèves générales, pour le tems de leur Commandement; mais si ce tems étoit considérable, ou s'ils étendoient la Trève plus loin, la ratification du Sénat & du Peuple y étoit nécessaire. Une Trève même particulière, mais pour un long-tems, semble encore passer le pouvoir ordinaire d'un Général, & il ne peut la conclure que sous réserve de la ratification.

Mais pour ce qui est des Trèves particulières, pour un terme court; il est souvent nécessaire, & presque toûjours convenable, que le Général ait le pouvoir de les conclure: Nécessaire, toutes les fois qu'on ne peut attendre le consentement du Prince; convenable, dans les occasions où la Trève ne tend qu'à épargner le sang, & ne peut tourner qu'au commun avantage des Contractans. On présume donc naturellement que le Général, ou le Commandant en chef, est revêtu de ce pouvoir. Ainsi le Gouverneur d'une Place & le Général assiégeant, peuvent arrêter des Cessations d'armes, pour enterrer les morts, pour entrer en pourparler; ils peuvent même convenir d'une Trève de quelques mois, à condition que la Place se rendra, si elle n'est pas secouruë dans ce terme &c. De pareilles Conventions ne tendent qu'à adoucir les maux de la Guerre, & ne peuvent probablement causer de préjudice à personne.

§. 238. Toutes ces Trèves & Suspensions d'armes se concluent par l'Autorité du Souverain, qui consent aux unes immédiatement, & aux autres par le ministère de ses Généraux & Officiers; elles engagent sa foi, & il doit veiller à leur observation.

§. 239. La Trève oblige les parties contractantes, dès le moment qu'elle est concluë. Mais elle ne peut avoir force de Loi, à l'égard des sujets de part & d'autre, que quand elle a été solemnellement publiée: Et comme une Loi inconnuë ne sçauroit imposer d'obligation, la Trève ne lie les sujets, qu'à mesure qu'elle leur est dûement notifiée. De sorte que, si, avant qu'ils ayent pû en avoir une connoissance certaine, ils commettent quelque chose de contraire, quelque hostilité; on ne peut les en punir. Mais

Mais comme le Souverain doit remplir ses promesses, il est obligé de faire restituer les prises, faites depuis le moment où la Trêve a dû commencer. Les sujets qui ne l'ont pas observée, faute de la connoître, ne sont tenus à aucun dédommagement, non plus que leur Souverain, qui n'a pû la leur notifier plus tôt: C'est un accident, où il n'y a ni de sa faute, ni de la leur. Un Vaisseau se trouvant en pleine mer, lors de la publication d'une Trêve, rencontre un Vaisseau ennemi, & le coule à fond: Comme il n'est coupable de rien, il ne peut être tenu du dommage. S'il a pris ce Vaisseau, il est seulement obligé à le rendre; ne pouvant le retenir contre la Trêve. Mais ceux qui, par leur faute, ignoreroient la publication de la Trêve, seroient tenus à réparer le dommage, qu'ils auroient causé contre sa teneur. La faute simple, & sur-tout la faute légère, peut bien éviter jusqu'à un certain point la punition, & certainement elle ne mérite pas la même peine que le dol; mais elle ne dispense point de la réparation du dommage. Afin d'éviter autant qu'il se peut toute difficulté, les Souverains ont coûtume, dans les Trêves, comme dans les Traités de Paix, de fixer des termes différens, suivant la situation & la distance des lieux, pour la cessation des hostilités.

§. 240. Puisque la Trêve ne peut obliger les sujets, si elle ne leur est connue; elle doit être solemnellement publiée, dans tous les lieux, où l'on veut qu'elle soit observée.

§. 241. Si des sujets, gens de Guerre, ou simples particuliers, donnent atteinte à la Trève, la foi publique n'est point violée, ni la Trève rompuë pour cela. Mais les coupables doivent être contraints à la réparation complette du dommage, & punis sévérement. Le Souverain, refusant de faire justice sur les plaintes de l'offensé, prendroit part lui-même à la faute, & violeroit la Trève.

§. 242. Or si l'un des Contractans, ou quelqu'un par son ordre, ou seulement avec son consentement, vient à commettre quelque acte contraire à la Trève; il fait injure à l'autre partie contractante; la Trève est rompuë, & la partie lésée peut courir incessamment aux armes; non seulement pour reprendre les opérations de la Guerre, mais encore pour venger la nouvelle injure qu'elle vient de recevoir.

§. 243. Cependant on convient quelquefois d'une peine, que subira l'infracteur de la Trève; & alors la Trève n'est pas rompuë tout de suite, à la prémière infraction. Si la partie coupable se soumet à la peine & répare le dommage; la Trève subsiste: L'offensé n'a rien à prétendre de plus. Que si l'on est convenu d'une alternative, sçavoir, qu'en cas d'infraction, le coupable subira une certaine peine, ou que la Trève sera rompuë; c'est à la partie lésée de choisir, si elle veut exiger la peine, ou pro-

fitter

fitter du droit de reprendre les armes. Car si l'infracteur avoit le choix, la stipulation de l'alternative seroit vaine; puisqu'en refusant de subir la peine, stipulée simplement, il romproit l'Accord & donneroit par-là à l'offensé le droit de reprendre les armes. D'ailleurs, dans des Clauses de sûreté, comme celle-là, on ne présume point que l'alternative soit mise en faveur de celui qui manque à ses engagemens; & il seroit même ridicule de supposer, qu'il se réserve l'avantage de rompre, par son infraction, plûtôt que de subir la peine; il n'a qu'à rompre tout simplement. La Clause pénale n'est destinée qu'à éviter que la Trève ne soit rompuë si facilement; & elle ne peut être mise avec l'alternative, que pour ménager à la partie lésée le droit de rompre, si elle le juge à propos, un Accord, où la conduite de son Ennemi lui montre peu de sûreté.

§. 244. Il est nécessaire de bien déterminer le tems de la Trève, afin qu'il n'y ait ni doute, ni contestation, sur le moment où elle commence & celui où elle finit. La langue Françoise, extrêmement claire & précise, pour qui sçait la parler, offre des expressions à l'épreuve de la chicane la plus raffinée. Avec les mots *inclusivement* & *exclusivement*, on évite toute l'ambiguité, qui peut se trouver dans la Convention, à l'égard des deux termes de la Trève, de son commencement & de sa fin. Par exemple, si l'on dit, que la Trève durera depuis le 1. de Mars inclusivement, jusqu'au 15. d'Avril, aussi inclusivement, il ne reste aucun doute: au lieu que si l'on eût dit simplement, du 1. Mars au 15. d'Avril, il y auroit lieu de disputer, si ces deux jours, qui servent de termes, sont compris ou non dans la Trève: Et en effet, les Auteurs se partagent sur cette question. A l'égard du prémier de ces deux jours, il paroît indubitable qu'il est compris dans la Trève; car si l'on convient qu'il y aura Trève depuis le 1. de Mars, cela veut dire naturellement, que les hostilités cesseront le 1. de Mars. Il y a un peu plus de doute à l'égard du dernier jour, l'expression *jusques* semblant le séparer du tems de l'Armistice. Cependant, comme on dit souvent, *jusques & compris* un tel jour, le mot *jusques* n'est pas nécessairement exclusif, suivant le génie de la Langue : Et comme la Trève, qui épargne le sang humain, est sans-doute une matière favorable, le plus sûr est peut-être d'y comprendre le jour même du terme. Les circonstances peuvent aussi servir à déterminer le sens. Mais on a grand tort de ne pas ôter toute équivoque, quand il n'en coûte pour cela, qu'un mot de plus.

Le mot de *jour* doit s'entendre d'un jour naturel, dans les Conventions de Nation à Nation; car c'est en ce sens que le *jour* leur sert de commune mesure; la maniére de compter par jours civils, vient du Droit Civil de chaque Peuple, & varie selon les pays. Le jour naturel commence

mence au lever du Soleil, & sa durée est de vingt-quatre heures, ou d'une révolution simple du Soleil. Si donc l'on convient d'une Trève de cent jours, à commencer au prémier de Mars; la Trève commence au lever du Soleil le 1. de Mars, & elle doit durer cent jours de vingt-quatre heures chacun. Mais comme le Soleil ne se lève pas toute l'année à la même heure; pour ne pas donner dans la minutie, & dans une chicane, indigne de la bonne-foi, qui doit règner dans ces sortes de Conventions, il faut sans-doute entendre, que la Trève finit au lever du Soleil, comme elle a commencé. Le terme d'un jour s'entend d'un Soleil à l'autre, sans chicaner sur quelques momens, dont son lever avance, ou retarde. Celui qui, ayant fait une Trève de cent jours, à commencer au 21. de Juin, où le Soleil se lève environ à 4. heures, prendroit les armes à cette même heure, le jour que la Trève doit finir, & surprendroit son Ennemi, avant le lever du Soleil; cet homme sans-doute seroit regardé comme un chicaneur sans foi.

Si l'on n'a point marqué de terme pour le commencement de la Trève; comme elle oblige les Contractans aussi-tôt qu'elle est concluë (§. 239.); ils doivent la faire incessamment publier, pour qu'elle soit observée. Car elle n'oblige les sujets que du moment qu'elle est dûement publiée rélativement (*ibid.*): Et elle ne commence à courrir que du moment de la prémière

publi-

publication; à moins qu'on ne soit autrement convenu.

§. 245. L'effet général de la Trève est de faire cesser absolument toute hostilité; & pour éviter toute dispute sur les actes qui méritent ce nom, la Règle générale est: Que chacun, pendant la Trève, peut faire chez soi, dans les lieux dont il est maître, tout ce qu'il seroit en droit de faire en pleine paix. Ainsi la Trève n'empêche point qu'un Prince ne puisse lever des soldats, assembler une Armée dans ses Etats, y faire marcher des Troupes, y appeller même des Auxiliaires, réparer les fortifications d'une Place, qui n'est point actuellement assiégée. Puisqu'il est en droit de faire toutes ces choses chez lui, en tems de Paix; la Trève ne peut lui en ôter la liberté. Auroit-il prétendu, par cet Accord, se lier les mains sur des choses, que la continuation des hostilités ne pouvoit l'empêcher de faire?

§. 246. Mais profitter de la Cessation d'armes, pour exécuter sans péril, des choses, qui portent préjudice à l'Ennemi, & que l'on n'auroit pû entreprendre avec sûreté, au milieu des hostilités, c'est vouloir surprendre & tromper l'Ennemi avec qui l'on contracte; c'est rompre la Trève. Cette 2me. Règle générale nous servira à résoudre divers cas particuliers.

§. 247. La Trève concluë entre le Gouverneur d'une Place & le Général qui l'assiége, ôte à l'un & à l'autre la liberté de continuer les travaux.

vaux. Cela est manifeste pour le dernier; car ses travaux sont des actes d'hostilité. Mais le Gouverneur, de son côté, ne peut profiter de la suspension d'armes, pour réparer les brèches, ou pour élever de nouvelles fortifications. L'Artillerie des Assiégeans ne lui permet point de travailler impunément à de pareils ouvrages, pendant le cours des hostilités; ce seroit donc au préjudice de ceux-ci qu'il y employeroit le tems de la Trève: & ils ne sont pas obligés d'être dupes à ce point: Ils regarderont avec raison l'entreprise, comme une infraction à la Trève. Mais la Cessation d'armes n'empêche point le Gouverneur de continuer, dans l'intérieur de sa Place, des travaux, auxquels les attaques & le feu de l'Ennemi n'étoient pas en obstacle. Au dernier siége de Tournay, on convint d'un Armistice, après la reddition de la Ville; & pendant sa durée, le Gouverneur souffrit que les François fissent toutes leurs dispositions contre la Citadelle, qu'ils poussassent leurs travaux, dressassent leurs batteries; parce que, de son côté, il débarrassoit l'intérieur, des décombres dont un Magasin sauté en l'air l'avoit rempli, & établissoit des batteries sur les remparts. Mais il pouvoit travailler presque sans danger à tout cela, quand même les opérations du siége auroient commencé; au lieu que les François n'eussent pû pousser leurs travaux avec tant de diligence, ni faire leurs approches & établir leurs batteries, sans perdre beaucoup de monde. Il

s'y

n'y avoit donc nulle égalité, & la Trève ne tournoit, fur ce pied-là, qu'au feul avantage des Affiégeans. La prife de la Citadelle en fut avancée, peut-être, de quinze jours.

§. 248. Si la Trève eft concluë, ou pour règler les Conditions de la Capitulation, ou pour attendre les ordres des Souverains refpectifs; le Gouverneur affiégé ne peut en profitter, pour faire entrer du fécours, ou des munitions dans la Place; car ce feroit abufer de la Trève, pour furprendre l'Ennemi : ce qui eft contraire à la bonne-foi. L'efprit d'un pareil Accord eft, manifeftement, que toutes chofes doivent demeurer en état, comme elles font au moment qu'on le conclut.

§. 249. Mais il ne faut point étendre ceci à une Ceffation d'armes, convenuë pour quelque fujet particulier, pour enterrer les morts, par exemple. Celle-ci s'interprête rélativement à fon objet. Ainfi on ceffe de tirer, ou par-tout, ou feulement à une attaque, fuivant que l'on en eft convenu, afin que chaque parti puiffe librement retirer fes morts; & tandis que le feu ceffe, il n'eft pas permis de pouffer des travaux, auxquels il s'oppofoit; ce feroit rompre la Trève, voulant en abufer. Mais rien n'empêche que pendant une fufpenfion d'armes de cette nature, le Gouverneur ne faffe entrer fans bruit quelque fécours, par un endroit éloigné de l'attaque. Tant pis pour l'Affiégeant, fi s'endormant fur un pareil Armiftice, il a relâché de fa

vigi-

PREMIERE PARTIE. CHAPITRE XVI.

vigilance. L'Armistice, par lui-même, ne facilite point l'entrée de ce secours.

§. 250. De même, si une Armée, engagée dans un mauvais pas, propose & conclut un Armistice, pour enterrer les morts après un Combat, elle ne pourra, pendant la suspension d'armes, sortir de ses défilés à la vue de l'Ennemi, & se retirer impunément. Ce seroit vouloir profiter de l'Accord, pour exécuter ce qu'elle n'eût pû faire sans cela : Elle auroit tendu un piége ; & les Conventions ne peuvent être des piéges. L'Ennemi la repoussera donc avec justice, dès qu'elle voudra sortir de son poste. Mais si cette Armée défile sans bruit par ses derrières, & se met en lieu de sûreté ; elle n'aura rien fait contre la parole donnée. Une Suspension d'armes, pour enterrer les morts, n'emporte autre chose si non que, de part & d'autre, on ne s'attaquera point pendant que l'on vaquera à ce devoir d'humanité. L'Ennemi ne pourra s'en prendre qu'à sa propre négligence : Il devoit stipuler que, pendant la cessation d'armes, chacun demeureroit dans son poste : Ou bien, il devoit faire bonne garde, & s'appercevant du dessein de cette Armée, il lui étoit permis de s'y opposer. C'est un stratagême fort innocent, que de proposer une Cessation d'armes pour un objet particulier, dans la vue d'endormir l'Ennemi, & de couvrir un dessein de retraite.

Mais si la Trève n'est pas faite seulement pour quelque objet particulier ; c'est mauvaise-foi que d'en profiter pour prendre quelque avanta-

Partie I. Q ge,

ge ; par exemple, pour occuper un poste important, pour s'avancer dans le pays ennemi. Ou plûtôt cette derniére démarche feroit une violation de la Trève ; car avancer dans le pays ennemi, est un acte d'hostilité.

§. 251. Or puisque la Trève suspend les hostilités sans mettre fin à la Guerre ; pendant sa durée, il faut laisser toutes choses en état, comme elles se trouvent, dans les lieux dont la possession est disputée, & il n'est pas permis d'y rien entreprendre, au préjudice de l'Ennemi. C'est une 3ᵐᵉ. Règle générale.

§. 252. Lorsque l'Ennemi retire ses Troupes d'un lieu, & l'abandonne absolument, c'est une marque qu'il ne veut plus le posséder ; & en ce cas, rien n'empêche qu'on ne puisse occuper ce lieu-là, pendant la Trève. Mais s'il paroît par quelque indice, qu'un poste, une Ville ouverte, ou un Village n'est point abandonné par l'Ennemi, qu'il y conserve ses droits, ou ses prétentions, quoiqu'il néglige de le garder ; la Trève ne permet point de s'en emparer. C'est une hostilité que d'enlever à l'Ennemi, ce qu'il prétend retenir.

§. 253. C'est de même une hostilité, sansdoute, que de recevoir les Villes, ou les Provinces, qui veulent se soustraire à l'empire d'un Ennemi, & se donner à nous. On ne peut donc les recevoir pendant la Trève, qui suspend tous les actes d'hostilité.

§. 254. Bien moins est-il permis, dans ce tems-là, d'exciter les sujets de l'Ennemi à la ré-

révolte, ou de tenter la fidélité de ses Gouverneurs & de ses Garnisons. Ce sont-là, non-seulement des actes d'hostilité, mais des hostilités odieuses (§. 180.). Pour ce qui est des Déserteurs & des Transfuges, on peut les recevoir pendant la Trève, puisqu'on les reçoit même en pleine Paix, quand on n'a point de Traité qui le défende. Et si l'on avoit un pareil Traité, l'effet en est annullé, ou au moins suspendu, par la Guerre, qui est survenuë.

§. 255. Saisir les personnes, ou les choses, qui appartiennent à l'Ennemi, sans qu'on y ait donné lieu par quelque faute particulière, est un acte d'hostilité; & par conséquent il ne peut se faire pendant la Trève.

§. 256. Et puisque le Droit de *Postliminie* n'est fondé que sur l'état de Guerre (voyez le Chap. XIV. ci-dessus); il ne peut s'exercer pendant la Trève, qui suspend tous les actes de la Guerre, & qui laisse toutes choses en état (§. 251.). Les Prisonniers mêmes ne peuvent alors se soustraire au pouvoir de l'Ennemi, pour être rétablis dans leur premier état. Car l'Ennemi est en droit de les retenir pendant la Guerre; & c'est seulement quand elle finit, que son droit sur leur Liberté expire (§. 148.).

§. 257. Naturellement il est permis aux Ennemis d'aller & de venir, les uns chez les autres, pendant la Trève, sur-tout si elle est faite pour un tems considérable, tout comme cela est permis en tems de paix; puisque les hostilités sont suspenduës. Mais il est libre à chaque

Souverain, comme il le lui feroit auſſi en pleine paix, de prendre des précautions, pour empêcher que ces allées & venuës ne lui ſoient préjudiciables. Des gens, avec qui il va bien-tôt rentrer en Guerre, lui ſont ſuſpects à juſte titre. Il peut même, en faiſant la Trève, déclarer qu'il n'admettra aucun des ennemis dans les lieux de ſon obéïſſance.

§. 258. Ceux qui étant venus dans les terres de l'Ennemi pendant la Trève, y ſont retenus par une maladie, ou par quelque autre obſtacle inſurmontable, & qui s'y trouvent encore à la fin de la Trève, peuvent, à rigueur, être faits priſonniers. C'eſt un accident, qu'ils pouvoient prévoir, & auquel ils ont bien voulu s'expoſer. Mais l'humanité & la généroſité demandent, pour l'ordinaire, qu'on leur donne un délai ſuffiſant pour ſe retirer.

§. 259. Si dans le Traité d'une Trève, on retranche, ou on ajoûte à tout ce qui vient d'être dit; c'eſt une Convention particulière, qui oblige les Contractans. Ils doivent tenir ce qu'ils ont validement promis; & les obligations qui en réſultent forment un Droit pactice, dont le détail n'entre point dans le Plan de cet Ouvrage.

§. 260. La Trève ne faiſant que ſuſpendre les effets de la Guerre (§. 233.); au moment qu'elle expire, les hoſtilités recommencent, ſans qu'il ſoit beſoin d'une nouvelle Déclaration de Guerre. Car chacun ſçait d'avance, que, dès ce moment, la Guerre reprendra ſon cours; &
les

les raiſons qui en rendent la Déclaration néceſſaire (voyez le §. 51.) n'ont point de lieu ici.

Cependant, une Trève à longues années reſſemble fort à la Paix; & elle en différe ſeulement en ce qu'elle laiſſe ſubſiſter le ſujet de la Guerre. Or comme il peut arriver que les circonſtances & les diſpoſitions ayent fort changé de part & d'autre, dans un long eſpace de tems; il eſt tout-à-fait convenable à l'amour de la paix, qui ſied ſi bien aux Souverains, au ſoin qu'ils doivent prendre d'épargner le ſang de leurs ſujets, & même celui des ennemis; il eſt, dis-je, tout-à-fait convenable à ces diſpoſitions, de ne point reprendre les armes, à la fin d'une Trève, qui en avoit fait diſparoître & oublier tout l'appareil, ſans faire quelque Déclaration, qui puiſſe inviter l'Ennemi à prévenir une nouvelle effuſion de ſang. Les Romains ont donné l'exemple d'une modération ſi louable. Ils n'avoient fait qu'une Trève avec la Ville de Veïes, & même leurs ennemis n'en avoient pas attendu la fin, pour recommencer les hoſtilités: Cependant, la Trève expirée, il fut décidé par le Collège des *Féciaux*, qu'on enverroit demander ſatisfaction, avant que de reprendre les armes (*a*).

§. 261. Les Capitulations des Places qui ſe rendent, tiennent un des prémiers rangs parmi les Conventions qui ſe font entre ennemis, dans le cours de la Guerre. Elles ſont arrêtées d'ordinaire entre le Général aſſiégeant & le Gouverneur de la Place, agiſſans l'un & l'autre par

___
(*a*) Tit. Liv. Lib. IV. cap. XXX.

l'autorité qui est attribuée à leur Charge ou à leur Commission. Il a été exposé ailleurs * quels sont les principes du pouvoir qui est confié aux Puissances subalternes, avec les règles générales pour en juger; & tout cela vient d'être rappellé en peu de mots, & appliqué en particulier aux Généraux & autres Commandans en chef dans la Guerre (§. 237.). Puisqu'un Général & un Commandant de Place doivent être naturellement revêtus de tous les Pouvoirs nécessaires pour l'exercice de leurs fonctions, on est en droit de présumer qu'ils ont ces Pouvoirs; & celui de conclure une Capitulation est certainement de ce nombre, sur-tout lorsqu'on ne peut attendre les ordres du Souverain. Le Traité qu'ils auront fait à ce sujet, sera donc valide, & il obligera les Souverains, au nom & en l'autorité desquels les Commandans respectifs ont agi.

§. 262. Mais il faut bien remarquer, que si ces Officiers ne veulent pas excéder leurs pouvoirs, ils doivent se tenir exactement dans les termes de leurs fonctions, & ne point toucher aux choses qui ne leur sont pas commises. Dans l'attaque & la défense, dans la prise, ou dans la reddition d'une Place, il s'agit uniquement de la possession, & non de la propriété, ou du droit: Il s'agit aussi du sort de la Garnison. Ainsi les Commandans peuvent convenir de la manière dont la Ville qui capitule sera possédée; le Général assiégeant peut promettre la sûreté
des

V. le. D. d. G. Liv. II. Chap. XIV.

des habitans, la conservation de la Religion, des Franchises, des Privilèges. Et quant à la Garnison, il peut lui accorder, de sortir avec armes & bagages, avec tous les honneurs de la Guerre; d'être escortée & conduite en lieu de sûreté &c. Le Commandant de la Place peut la remettre à discrétion, s'il y est contraint par l'état des choses; il peut se rendre, lui & sa Garnison, prisonniers de Guerre, ou s'engager qu'ils ne porteront point les armes contre ce même Ennemi & ses Alliés, jusqu'à un terme convenu, même jusqu'à la fin de la Guerre: Et il promet validement pour ceux qui sont sous ses ordres, obligés de lui obéir, tant qu'il demeure dans les termes de ses fonctions (§. 23.).

Mais si le Général assiégeant s'avisoit de promettre, que son Maître ne pourra jamais s'approprier la Place conquise, ou qu'il sera obligé de la rendre, après un certain tems; il sortiroit des bornes de ses Pouvoirs, en contractant sur des choses, dont le soin ne lui est pas commis. Et il faut en dire autant du Commandant, qui, dans la Capitulation, entreprendroit d'aliéner sa Place pour toûjours, d'ôter à son Souverain le droit de la reprendre, ou qui promettroit que sa Garnison ne portera jamais les armes, même dans une autre Guerre. Ses fonctions ne lui donnent pas un pouvoir si étendu. S'il arrive donc que dans les Conférences pour la Capitulation, l'un des Commandans ennemis insiste sur des Conditions, que l'autre ne se croit pas en pouvoir d'accorder; ils ont un parti à prendre, c'est de convenir d'une suspension d'armes, pendant laquelle toutes choses demeurent dans leur état, jusques-à-ce qu'on ait reçû des ordres supérieurs.

§. 263. On peut voir dès l'entrée de ce Chapitre, pourquoi nous nous dispensons de prouver ici, que toutes ces Conventions, faites pendans le cours de la Guerre, doivent être observées avec fidélité. Contentons-nous donc de remarquer, au sujet des Capitulations en particulier, que s'il est injuste & honteux de les violer, cette perfidie devient souvent préjudiciable a celui qui s'en rend coupable. Quelle confiance prendra-t-on désormais en lui? Les Villes qu'il attaquera supporteront les plus cruelles extrémités, plûtôt que de se fier à sa parole. Il fortifie ses ennemis, en les poussant à une défense désespérée; & tous les siéges qu'il lui faudra entreprendre, deviendront terribles. Au contraire, la fidélité gagne la confiance & les cœurs; elle facilite les entreprises, lève les obstacles, & prépare de glorieux succès. L'Histoire nous en fournit un bel exemple dans la conduite de GEORGE BASTE Général des Impériaux, en 1602, contre BATTORY & les Turcs. Les révoltés du parti de Battory ayant emporté Bistrith, autrement Nissa, Baste reprit cette Place, par une Capitulation, qui fut violée, en son absence, par quelques soldats Allemands; Ce qu'il n'eut pas sitôt appris, à son retour, qu'il fit pendre tous ces soldats, & paya de ses deniers aux habitans le dommage qui leur

avoit

avoit été fait. Cette action toucha si fort les révoltés, qu'ils se soumirent tous à l'Empereur, sans demander d'autre sûreté que la parole de Baste (*a*).

§. 264. Les particuliers, Gens de guerre ou autres, qui se trouvent seuls vis-à-vis de l'Ennemi, sont, par cette nécessité, remis à leur propre conduite; ils peuvent faire, quant à leur personne, ce que feroit un Commandant, par rapport à lui-même & à sa troupe: Ensorte que s'ils font quelque promesse, à raison de l'état où ils se trouvent, pourvû qu'elle ne touche point à des choses, qui ne peuvent jamais être de la compétence d'un particulier, cette promesse est valide, comme faite avec un pouvoir suffisant. Car lorsqu'un sujet ne peut ni recevoir les ordres du Souverain, ni jouir de sa protection, il rentre dans ses droits naturels, & doit pouvoir à sa sûreté, par tous moyens justes & honnêtes. Ainsi quand ce particulier a promis une somme pour sa rançon, loin que le Souverain puisse le dégager de sa promesse, il doit l'obliger à la tenir. Le bien de l'Etat demande que la foi soit gardée, & que les sujets ayent ce moyen de sauver leur vie, ou de recouvrer leur Liberté.

C'est ainsi qu'un prisonnier relâché sur sa parole, doit la tenir religieusement, & son Souverain n'est point en droit de s'y opposer; car sans cette parole donnée, le prisonnier n'eût pas été relâché.

Q. 5   Ainsi

(*a*) Mémoires de Sully rédigés par M. de l'Ecluse, Tom. IV. p. 179. & 180.

Ainsi encore, les habitans de la campagne, des villages, ou des villes sans défense, doivent payer les Contributions, qu'ils ont promises pour se racheter du pillage.

Bien plus, il seroit même permis à un sujet de renoncer à sa Patrie, si l'Ennemi, maître de sa personne, ne vouloit lui accorder la vie qu'à cette condition. Car dès le moment que la Société ne peut le protéger & le défendre, il rentre dans ses droits naturels. Et d'ailleurs, s'il s'obstinoit, que gagneroit l'Etat à sa mort? Certainement, tant qu'il reste quelque espérance, tant qu'il y a moyen de servir la Patrie, on doit s'exposer pour elle, & braver tous les dangers. Je suppose qu'il faille, ou renoncer à sa Patrie, ou périr sans aucune utilité pour elle. Si l'on peut la servir en mourant, il est beau d'imiter la générosité héroïque des Decius. On ne pourroit s'engager, même pour sauver sa vie, à servir contre la Patrie; un homme de cœur périra mille fois, plûtôt que de faire cette honteuse promesse.

Si un soldat, rencontrant un ennemi à l'écart, le fait prisonnier, en lui promettant la vie sauve, ou la Liberté, moyennant une certaine rançon; cet accord doit être respecté par les Supérieurs. Car il paroît que le soldat, livré pour lors à lui-même, n'a rien fait qui passe son pouvoir. Il eût pû juger qu'il ne lui convenoit pas d'attaquer cet ennemi, & le laisser aller. Sous ses Chefs, il doit obéir; seul, il est remis à sa propre prudence. Procope rapporte l'avanture de deux sol-

soldats, l'un Goth & l'autre Romain, qui étants tombés dans une fosse, se promirent la vie l'un à l'autre : Accord qui fut approuvé par les Goths (a).

CHAPITRE XVII.
Des Saufconduits & Passeports, & Questions sur la Rançon des prisonniers de guerre.

§. 265.

LE *Saufconduit* & le *Passeport* sont une espèce de Privilège, qui donne aux personnes le droit d'aller & de venir en sûreté, ou pour certaines choses, celui de les transporter aussi en sûreté. Il paroît que suivant l'usage & le génie de la Langue, on se sert du terme de *Passeport* dans les occasions ordinaires, pour les gens en qui il n'y a aucun empêchement particulier d'aller & de venir en sûreté, & à qui il sert pour plus grande assurance & pour éviter toute discussion, ou pour les dispenser de quelque défense générale : Le *Saufconduit* se donne à gens, qui, sans cela, ne pourroient aller en sûreté dans les lieux, où celui qui l'accorde est le maître ; à un Accusé, par exemple, ou à un Ennemi. C'est de ce dernier que nous avons à traiter ici.

§. 266. Tout Saufconduit émane de l'Autorité souveraine, comme tout autre acte de suprême

(a) PROCOP. *Goth.* Lib. II. c. 1. *apud* PUFFENDORF. Lib. VIII. cap. VII. §. XIV.

prême Commandement. Mais le Prince peut commettre à ses Officiers le pouvoir de donner des Saufconduits; & ils en sont revêtus, ou par une attribution expresse, ou par une conséquence de la nature de leurs fonctions. Un Général d'Armée, par la nature même de sa Charge, peut donner des Saufconduits. Et puisqu'ils émanent, quoique médiatement, de l'Autorité souveraine, les autres Généraux ou Officiers du même Prince doivent les respecter.

§. 267. La personne nommée dans le Saufconduit, ne peut transporter son privilège à une autre. Car elle ne sçait point s'il est indifférent à celui qui l'a donné, que tout autre en use à sa place: Elle ne peut le présumer; elle doit même présumer le contraire, à cause des abus qui pourroient en naître; & elle ne peut s'attribuer plus de droit, qu'on ne lui en a voulu donner. Si le Saufconduit est accordé, non pour des personnes, mais pour certains effets, ces effets peuvent être conduits par d'autres que le propriétaire; le choix de ceux qui les transportent est indifférent, pourvû qu'il n'y ait rien dans leur personne qui puisse les rendre justement suspects à celui qui donne le Saufconduit; où leur interdire l'entrée de ses Terres.

§. 268. Celui qui promet sûreté par un Saufconduit, la promet par-tout où il est le maître; non pas seulement dans ses Terres, mais encore dans tous les lieux, où il pourroit avoir des Troupes. Et non-seulement il doit s'abstenir de violer lui-même, ou par ses gens, cette sûreté;

reté; il doit de plus protéger & défendre celui à qui il l'a promise, punir ceux de ses sujets qui lui auroient fait violence, & les obliger à réparer le dommage.

§. 269. Le droit que donne un Saufconduit, venant entièrement de la volonté de celui qui l'accorde, cette volonté est la règle, sur laquelle on doit en mesurer l'étenduë : Et la volonté se découvre par la fin, pour laquelle le Saufconduit a été donné. Par conséquent, celui à qui on a permis de s'en aller, n'a pas le droit de revenir; & le Saufconduit accordé simplement pour passer, ne peut servir pour repasser : Celui qui est donné pour certaines affaires, doit valoir jusqu'à-ce que ces affaires soient terminées & qu'on ait pû s'en aller. S'il est dit, qu'on l'accorde *pour un voyage*, il servira aussi pour le retour; car le voyage comprend l'allée & le retour. Ce Privilège consistant dans la liberté d'aller & de venir en sûreté; il diffère de la permission d'habiter quelque part; & par conséquent, il ne peut donner le droit de s'arrêter en quelque lieu, & d'y faire un long séjour, si ce n'est pour affaires, en vuë desquelles le Saufconduit auroit été demandé & accordé.

§. 270. Un Saufconduit donné à un Voyageur comprend naturellement son bagage, ou les hardes & autres choses nécessaires en voyage, & même un ou deux Domestiques, ou plus, selon la condition du Voyageur. Mais à tous ces égards, comme aux autres que nous venons de toucher, le plus sûr, sur-tout entre ennemis

&

& autres personnes suspectes, est de spécifier toutes choses, de les articuler exactement, pour éviter les difficultés. C'est aussi ce qu'on observe aujourd'hui : On fait mention dans les Saufconduits, & du bagage, & des Domestiques.

§. 271. Quoique la permission de s'établir quelque-part, accordée à un Père de famille, comprenne naturellement sa femme & ses enfans; il n'en est pas ainsi du Saufconduit; parce qu'on ne s'établit guères dans un lieu sans sa famille, & qu'on voyage le plus souvent sans elle.

§. 272. Le Saufconduit accordé à quelqu'un, *pour lui & les gens de sa suite*, ne peut lui donner le droit de mener avec lui des personnes justement suspectes à l'Etat, ou qui en seroient bannies ou fugitives pour quelque crime, ni mettre ces personnes-là en sûreté. Car le Souverain qui accorde un Saufconduit en ces termes généraux, ne présume pas qu'on osera s'en servir pour mener chez-lui des malfaiteurs, ou des gens qui l'ont particulièrement offensé.

§. 273. Le Saufconduit donné pour un tems marqué expire au bout du terme; & si le porteur ne s'est point retiré avant ce tems-là, il peut être arrêté, & même puni, selon les circonstances, sur-tout s'il paroît suspect par un retardement affecté.

§. 274. Mais si, retenu par une force majeure, par une maladie, il n'a pû s'en aller à-tems, il faut lui donner un délai convenable. Car on lui a promis sûreté; & bien qu'elle ne lui

lui fût promise que pour un certain tems, ce n'est pas sa faute, s'il n'a pû partir dans ce tems-là. Le cas est différent de celui d'un ennemi, qui vient chez-nous pendant la Trève: Nous n'avons fait à celui-ci aucune promesse particulière; il profitte, à ses périls, d'une liberté générale, donnée par la suspension des hostilités. Nous avons uniquement promis à l'Ennemi, de nous abstenir de toute hostilité, jusqu'à un certain tems: Et le terme passé, il nous importe qu'elles puissent reprendre librement leur cours, sans qu'on ait à nous opposer une multitude d'excuses & de prétextes.

§. 275. Le Saufconduit n'expire point à la mort de celui qui l'a donné, ou au moment de sa déposition; car il est donné en vertu de l'Autorité Souveraine, laquelle ne meurt point, & dont l'efficace n'est point attachée à la personne qui l'exerce. Il en est de cet acte, comme des autres dispositions du Commandement public; leur validité, leur durée ne dépend point de la vie de celui qui les a faites, à moins que par leur nature même, ou par une déclaration expresse, elles ne lui soient personnelles.

§. 276. Cela n'empêche point que le Successeur ne puisse révoquer un Saufconduit, s'il en a de bonnes raisons. Celui-là même qui l'a donné, peut bien le révoquer, en pareil cas; & il n'est pas tenu de dire toûjours ses raisons. Tout Privilège peut être révoqué, quand il devient nuisible à l'Etat; tant le Privilège gratuit, purement & simplement, que le Privilège acquis

à

à titre onéreux, en indemnifant les intéreffés. Suppofez qu'un Prince, ou fon Général fe prépare à une expédition fécrette; fouffrira-t-il, qu'au moyen d'un Saufconduit, obtenu précédemment, on vienne épier fes préparatifs, pour en rendre compte à l'ennemi? Mais le Saufconduit ne peut devenir un piége; en le révoquant, il faut donner au porteur le tems & la liberté de fe retirer en fûreté. Si on le retient quelque tems, comme on feroit tout autre Voyageur, pour empêcher qu'il ne porte des lumières à l'ennemi; ce doit être fans aucun mauvais traitement, & feulement jufqu'à-ce que cette raifon n'ait plus lieu.

§. 277. Si le Saufconduit porte cette Claufe, *pour autant de tems qu'il nous plaira*, il ne donne qu'un droit précaire, & peut être révoqué à tout moment. Tant qu'il ne l'eft pas expreffément, il demeure valable. Il tombe par la mort de celui qui l'a donné, lequel ceffe dèslors de vouloir la continuation du Privilège. Mais il faut toûjours entendre, que du moment que le faufconduit expire de cette manière, on doit donner au porteur le tems de fe retirer en fûreté.

§. 278. Après avoir traité du droit de faire des prifonniers de Guerre, de l'obligation de les relâcher à la paix, par échange ou pour une rançon, & de celle où fe trouve leur Souverain de les délivrer; il nous refte à confidérer la nature des Conventions, qui ont pour objet la délivrance de ces infortunés. Si les Souverains qui fe font

la

la guerre, sont convenus d'un Cartel, pour l'échange ou la rançon des prisonniers, ils doivent l'observer fidèlement, ainsi que toute autre Convention. Mais si, comme cela s'est pratiqué souvent autrefois, l'Etat laisse à chaque prisonnier, au moins pendant le cours de la Guerre, le soin de se racheter lui-même; il se présente, au sujet de ces Conventions particulières, bien des questions, dont nous toucherons seulement les principales.

§. 279. Quiconque a légitimement acquis le droit d'exiger une rançon de son prisonnier, peut transférer son droit à un tiers. Cela s'est pratiqué dans les derniers siécles: On a vû souvent des Guerriers céder leurs prisonniers à d'autres, & leur transférer tous les droits qu'ils avoient sur eux. Mais comme celui qui fait un prisonnier, est obligé de le traiter équitablement & avec humanité (§. 150.); s'il veut se mettre à couvert de tout reproche, il ne doit point transférer son droit d'une manière illimitée, à quelqu'un, qui pourroit en abuser: Lorsqu'il est convenu avec son prisonnier du prix de la rançon, il peut céder à qui il lui plaira le droit de l'exiger.

§. 280. Dès que l'accord, fait avec un prisonnier pour le prix de sa rançon, est conclu; c'est un Contrat parfait, & on ne peut le rescinder, sous prétexte que le prisonnier se trouve plus riche qu'on ne le croyoit. Car il n'est point nécessaire que le prix de la rançon soit proportionné aux richesses du prisonnier; ce n'est point là-dessus que

Partie I.   R   se

se mesure le droit de retenir un prisonnier de Guerre (voyez les §§. 148. & 153.). Mais il est naturel de proportionner le prix de la rançon au rang que tient le prisonnier dans l'Armée ennemie, parceque la liberté d'un Officier de marque est d'une plus grande conséquence que celle d'un simple soldat, ou d'un Officier inférieur. Si le prisonnier a, non pas seulement célé, mais déguisé son rang; c'est une fraude, qui donne le droit d'annuller la Convention.

§. 281. Si un prisonnier, qui est convenu du prix de sa rançon, meurt avant que de l'avoir payé, on demande, si ce prix est dû, & si les héritiers sont obligés de l'acquitter? Ils y sont obligés sans-doute, si le prisonnier est mort libre. Car du moment qu'il a reçû la liberté, pour prix de laquelle il avoit promis une somme, cette somme est dûe, & n'appartient point à ses héritiers. Mais s'il n'avoit point encore reçû la liberté; ni lui, ni ses héritiers n'en doivent le prix, à moins qu'il n'en fût autrement convenu; & il n'est censé l'avoir reçûe, que du moment qu'il lui est absolument permis de s'en aller libre; lorsque ni celui qui le tenoit prisonnier, ni le Souverain de celui-ci, ne s'opposent point à son élargissement & à son départ.

Si on lui a seulement permis de faire un voyage, pour disposer ses Amis, ou son Souverain, lui fournir les moyens de se racheter, & qu'il meure avant que d'avoir reçû la Liberté, avant qu'on l'ait dégagé de sa parole; il n'est rien dû pour sa rançon. Si

Si étant convenu du prix, on le retient en prison jusqu'au moment du payement, & qu'il meure auparavant; ses héritiers ne doivent point la rançon; un pareil Accord n'étant, de la part de celui qui tenoit le prisonnier, qu'une promesse de lui donner la Liberté pour une certaine somme livrée comptant. Une promesse de vendre & d'acheter, n'oblige point le prétendu Acheteur à payer le prix de la chose, si elle vient à périr, avant que la vente soit consommée. Mais si le Contrat de vente est parfait, l'Acheteur payera le prix de la chose venduë, quand même elle viendroit à périr avant que d'être livrée; pourvû qu'il n'y ait ni faute, ni retardement de la part du Vendeur. Par cette raison, si le prisonnier a conclu absolument l'Accord de sa rançon, se reconnoissant dès ce moment débiteur du prix, & demeure cependant, non plus comme prisonnier, mais pour sûreté du payement: sa mort intervenant n'empêche point que le prix de la rançon ne soit dû.

Si la Convention porte, que la rançon sera payée un certain jour, & que le prisonnier vienne à mourir avant ce jour-là; les héritiers seront tenus de payer. Car la rançon étoit dûe, & ce jour marqué, ne l'étoit que comme terme du payement.

§. 282. Il suit, à rigueur, des mêmes principes, qu'un prisonnier, relâché à condition d'en faire délivrer un autre, doit retourner en prison, au cas que celui-ci vienne à mourir avant qu'il ait pû lui procurer la Liberté. Mais assurément ce cas malheureux mérite des égards, & l'équité semble demander qu'on laisse à ce prisonnier une Liberté, laquelle on a bien voulu lui accorder; pourvû qu'il en paye un juste équivalent, ne pouvant plus en donner précisément le prix convenu.

§. 283. Le prisonnier, pleinement remis en Liberté, après avoir promis & non payé sa rançon, venant à être pris une seconde fois; il est aisé de voir que, sans être dispensé de payer sa première rançon, il aura à en donner une seconde, s'il veut être libre.

§. 284. Au contraire, quoique le prisonnier soit convenu du prix de sa rançon, si avant que l'Accord soit éxécuté, avant qu'on lui ait en effet rendu la Liberté, il est repris & délivré par les siens; il ne doit rien. Je suppose, comme on voit, que le Contrat de la rançon n'étoit pas passé, que le prisonnier ne s'étoit pas reconnu débiteur du prix de sa rançon. Celui qui le tenoit lui avoit seulement fait, pour ainsi dire, une promesse de vendre, & il avoit promis d'acheter; mais ils n'avoient pas vendu & acheté en effet; la propriété n'étoit pas transportée.

§. 285. La propriété de ce qui appartient à quelqu'un ne passe point à celui qui le fait prisonnier, sinon en tant qu'il se saisit en même-tems de ces choses-là. Il n'y a nul doute à cela, aujourd'hui que les prisonniers de guerre ne sont point réduits en esclavage. Et même, par le Droit de Nature, la propriété des biens d'un Esclave ne passe point, sans autre raison, au Maître de l'Esclave; il n'y a rien dans l'esclavage,

qui

qui puisse de soi-même opérer cet effet. De ce qu'un homme aura des droits sur la Liberté d'un autre, s'ensuit-il qu'il en ait aussi sur ses biens? Lors donc que l'ennemi n'a point dépouillé son prisonnier, ou que celui-ci a trouvé moyen de soustraire quelque chose à ses recherches; tout ce qu'il a conservé lui appartient, & il peut s'en servir pour le payement de sa rançon. Aujourd'hui on ne dépouille pas même toûjours les prisonniers: Le soldat avide se le permet; mais un Officier se croiroit deshonoré, s'il leur ôtoit la moindre chose. De simples Cavaliers François, qui, à la Bataille de *Rocoux*, avoient pris un Général Anglois, ne s'attribuèrent de droit que sur les armes de leur prisonnier.

§. 286. La mort du prisonnier fait périr le droit de celui qui l'avoit pris. C'est pourquoi, si quelqu'un est donné en ôtage, pour faire élargir un prisonnier, il doit être relâché, du moment que ce prisonnier vient à mourir; de même que, si l'Otage meurt, le prisonnier n'est pas délivré par cette mort. Il faudroit dire tout le contraire, si l'un avoit été substitué à l'autre, au lieu d'être seulement en ôtage pour lui.

CHAPITRE XVIII.
De la Guerre Civile.

§. 287.

C'est une question fort agitée, de sçavoir si le Souverain doit observer les Loix ordinaires de la Guerre, envers des sujets rebelles, qui ont pris ouvertement les armes contre lui. Un flatteur, ou un Dominateur cruel a bientôt dit, que les Loix de la Guerre ne font pas faites pour des rebelles, dignes des derniers supplices. Allons plus doucement, & raisonnons d'après les principes incontestables, que nous avons posés ci-dessus. Pour voir clairement quelle est la conduite que le Souverain doit tenir envers des Sujets soulevés, il faut prémièrement se souvenir que tous les Droits du Souverain viennent des Droits mêmes de l'État ou de la Société Civile, des soins qui lui sont commis, de l'obligation où il est de veiller au salut de la Nation, de procurer son plus grand bonheur, d'y maintenir l'ordre, la justice & la paix *. Il faut après cela, distinguer la nature & le dégré des divers désordres, qui peuvent troubler l'État, obliger le Souverain à s'armer, ou substituer les voies de la force à celles de l'Autorité.

§. 288. On appelle *Rebelles* tous sujets qui prennent injustement les armes contre le Conducteur de la Société, soit qu'ils prétendent le dépouiller de l'Autorité suprême, soit qu'ils se proposent seulement de résister à ses ordres, dans quelque affaire particulière, & de lui imposer des Conditions.

§. 289. *L'émotion populaire* est un concours de peuple, qui s'assemble tumultuairement & n'écoute plus la voix des Supérieurs, soit qu'il en veuille à ces Supérieurs eux-mêmes, ou seulement à quelques particuliers. On voit de ces mou-

* *Voyez Liv. I. Chap. IV.*

mouvemens violens, quand le peuple se croit vexé, & nul ordre n'y donne si souvent occasion, que les exacteurs des Impôts. Si les Mécontens en veulent particulièrement aux Magistrats, ou autres dépositaires de l'Autorité Publique, & en viennent jusqu'à une désobéissance formelle, ou aux voies de fait; cela s'appelle une *sédition*. Et lorsque le mal s'étend, gagne le grand nombre, dans la Ville, ou dans la Province, & se soutient, ensorte que le Souverain même n'est plus obéi; l'usage donne plus particulièrement à ce desordre le nom de *soulèvement*.

§. 290. Toutes ces violences troublent l'Ordre public, & sont des Crimes d'Etat, lors même qu'elles sont causées par de justes sujets de plainte. Car les voies de fait sont interdites, dans la Société Civile: Ceux à qui l'on fait tort doivent s'adresser aux Magistrats, & s'ils n'en obtiennent pas justice, ils peuvent porter leurs plaintes au pied du Trône. Tout Citoyen doit même souffrir patiemment des maux supportables, plûtôt que de troubler la paix publique. Il n'y a qu'un déni de Justice de la part du Souverain, ou des délais affectés, qui puissent excuser l'emportement d'un peuple poussé à bout, le justifier même, si les maux sont intolérables, l'oppression grande & manifeste. Mais quelle conduite le Souverain tiendra-t-il envers les révoltés? Je réponds en général, celle qui sera en même-tems la plus conforme à la Justice & la plus salutaire à l'Etat. S'il doit réprimer ceux qui troublent sans nécessité la paix publique, il doit user de clémence envers des malheureux, à qui on a donné de justes sujets de plainte, & qui ne sont coupables, que pour avoir entrepris de se faire justice eux-mêmes; ils ont manqué de patience, plûtôt que de fidélité. Les sujets qui se soulèvent sans raison contre leur Prince, méritent des peines sévères. Mais ici encore, le nombre des coupables oblige le Souverain à la clémence. Dépeuplera-t-il une Ville, ou une Province, pour châtier sa rébellion? La punition la plus juste en elle-même devient cruauté, dès qu'elle s'étend à un trop grand nombre de gens. Quand les peuples des *Pays-Bas* se seroient soulevés sans sujet contre l'Espagne, on détesteroit encore la mémoire du Duc d'ALBE, qui se vantoit d'avoir fait tomber vingt mille têtes, par la main des bourreaux. Que ses sanguinaires imitateurs n'espèrent pas de justifier leurs excès par la nécessité. Qui fut jamais plus indignement outragé de ses sujets, que le grand HENRI? Il vainquit & pardonna toûjours; & cet excellent Prince obtint enfin un succès digne de lui; il gagna des sujets fidèles: Le Duc d'Albe fit perdre à son Maître les Provinces-unies. Les fautes communes à plusieurs, se punissent par des peines qui sont communes aux coupables: Le Souverain peut ôter à une Ville ses Privilèges, au moins jusques-à-ce qu'elle ait pleinement reconnu sa faute, & il réservera les supplices pour les Auteurs des troubles, pour ces boute-feux, qui incitent le peuple

ple à la révolte. Mais les Tyrans seuls traiteront de séditieux ces Citoyens courageux & fermes, qui exhortent le peuple à se garentir de l'oppression, à maintenir ses Droits & ses Privilèges: Un bon Prince louera ces vertueux Patriotes, pourvû que leur zèle soit tempéré par la modération & la prudence. S'il aime la Justice & son devoir, s'il aspire à la Gloire immortelle, & si pure, d'être le Père de son Peuple; qu'il se défie des suggestions intéressées d'un Ministre, qui lui peint comme des rebelles, tous les Citoyens qui ne tendent pas les mains à l'esclavage, qui refusent de plier sans murmure, sous les coups d'un Pouvoir arbitraire.

§. 291. Le plus sûr moyen d'appaiser bien des séditions, est en même-tems le plus juste; c'est de donner satisfaction aux peuples. Et s'ils se sont soulevés sans sujet; ce qui n'arrive peut-être jamais; il faut bien encore, comme nous venons de le dire, accorder une Amnistie au grand nombre. Dès que l'Amnistie est publiée & acceptée, tout le passé doit être mis en oubli; personne ne peut être recherché, pour ce qui s'est fait à l'occasion des troubles. Et en général, le Prince religieux observateur de sa parole, doit garder fidèlement tout ce qu'il a promis aux rebelles mêmes, j'entens à ceux de ses sujets, qui se sont révoltés sans raison, ou sans nécessité. Si ses promesses ne sont pas inviolables, il n'y aura plus de sûreté pour les rebelles à traiter avec lui; dès qu'ils auront tiré l'épée, il faudra qu'ils en jettent le fourreau, comme l'a dit un Ancien: Le Prince manquera le plus

doux

doux & le plus falutaire moyen d'appaifer la révolte; il ne lui reftera, pour l'étouffer, que d'exterminer les révoltés. Le defefpoir les rendra formidables ; la compaffion leur attirera des fecours, groffira leur parti ; & l'Etat fe trouvera en danger. Que feroit devenuë la France, fi les *Ligueurs* n'avoient pû fe fier aux promeffes de HENRI le Grand ? Les mêmes raifons qui doivent rendre la foi des promeffes inviolable & facrée *, de particulier à particulier, de Souverain à Souverain, d'Ennemi à Ennemi, fubfiftent donc dans toute leur force, entre le Souverain & fes fujets foulevés, ou rebelles. Cependant, s'ils lui ont extorqué des Conditions odieufes, contraires au bonheur de la Nation, au falut de l'Etat ; comme il n'eft pas en droit de rien faire, de rien accorder, contre cette grande règle de fa conduite & de fon pouvoir, il révoquera juftement des Conceffions pernicieufes, en s'autorifant de l'aveu de la Nation, dont il prendra l'avis, de la manière & dans les formes, qui lui feront marquées par la Conftitution de l'Etat. Mais il faut ufer fobrement de ce remède, & feulement pour des chofes de grande importance, afin de ne pas donner atteinte à la foi des promeffes.

§. 292. Lorfqu'il fe forme dans l'Etat un parti, qui n'obéit plus au Souverain, & fe trouve affez fort pour lui faire tête ; ou, dans une République, quand la Nation fe divife en deux factions oppofées, & que de part & d'autre, on en vient aux armes ;

---

* Voyez le D. d. G. Liv. I L. §§. 163. 218. & fuiv. & Liv. III. & 174.

mes; c'est une *Guerre Civile*. Quelques-uns réservent ce terme aux justes armes, que les sujets opposent au Souverain, pour distinguer cette légitime résistance de la *Rébellion*, qui est une résistance ouverte & injuste. Mais comment nommeront-ils la Guerre, qui s'élève dans une République déchirée par deux factions, ou, dans une Monarchie, entre deux Prétendans à la Couronne? L'usage affecte le terme de Guerre Civile, à toute Guerre qui se fait entre les membres d'une même Société Politique: Si c'est entre une partie des Citoyens d'un côté, & le Souverain avec ceux qui lui obéissent, de l'autre; il suffit que les Mécontens ayent quelque raison de prendre les armes, pour que ce desordre soit appellé *Guerre Civile*, & non pas *Rébellion*. Cette dernière qualification n'est donnée qu'à un soulevement contre l'Autorité légitime, destitué de toute apparence de justice. Le Prince ne manque pas d'appeller *Rébelles* tous sujets qui lui résistent ouvertement: Mais quand ceux-ci deviennent assez forts pour lui faire tête, pour l'obliger à leur faire la Guerre régulièrement; il faut bien qu'il se résolve à souffrir le mot de Guerre Civile.

§. 293. Il n'est pas ici question de peser les raisons, qui peuvent fonder & justifier la Guerre Civile: Nous avons traité ailleurs des cas, dans lesquels les sujets peuvent résister au Souverain *. Mettant donc à part la justice de la Cause, il nous reste à considérer les Maximes, que l'on doit garder,

* V. le D. d. G. Liv. I. Chap. IV.

der, dans la Guerre Civile, à voir si le Souverain en particulier est obligé d'y observer les Loix communes de la Guerre.

La Guerre Civile rompt les liens de la Société & du Gouvernement, ou elle en suspend au moins la force & l'effet; elle donne naissance, dans la Nation, à deux Partis indépendans, qui se regardent comme ennemis, & ne reconnoissent aucun Juge commun. Il faut donc de nécessité, que ces deux partis soient considérés comme formant désormais, au moins pour un tems, deux Corps séparés, deux Peuples différens. Que l'un des deux ait eû tort de rompre l'unité de l'Etat, de résister à l'Autorité légitime, ils n'en sont pas moins divisés de fait. D'ailleurs, qui les jugera, qui prononcera de quel côté se trouve le tort, ou la justice? Ils n'ont point de commun Supérieur sur la terre. Ils sont donc dans le cas de deux Nations, qui entrent en contestation, & qui, ne pouvant s'accorder, ont recours aux armes.

§. 294. Cela étant ainsi, il est bien évident que les Loix communes de la Guerre, ces maximes d'humanité, de modération, de droiture & d'honnêteté, que nous avons exposées ci-dessus, doivent être observées de part & d'autre dans les Guerres Civiles. Les mêmes raisons, qui en fondent l'obligation d'Etat à Etat, les rendent autant & plus nécessaires, dans le cas malheureux, où deux Partis obstinés déchirent leur commune Patrie. Si le Souverain se croit en droit de faire prendre les prisonniers, comme rebelles, le Parti opposé usera de représailles: S'il n'observe pas religieusement les

Ca-

Capitulations & toutes les Conventions, faites avec ses ennemis; ils ne se fieront plus à sa parole: S'il brûle & dévaste; ils en feront autant: La Guerre deviendra cruelle, terrible, & toûjours plus funeste à la Nation. On connoît les excès honteux & barbares du Duc de MONTPENSIER, contre les Réformés de France: Il livroit les hommes au bourreau, & les femmes à la brutalité d'un de ses Officiers. Qu'arriva-t-il? Les Réformés s'aigrirent, ils tirèrent vengeance de ces traitemens barbares, & la Guerre, déja cruelle à titre de Guerre Civile & de Guerre de Religion, en devint encore plus funeste. Qui liroit sans horreur les cruautés féroces du Baron DES-ADRETS ? tour-à-tour Catholique & Protestant, il signala ses fureurs dans l'un & l'autre parti. Enfin il fallut perdre ces prétentions de Juge, contre des gens qui sçavoient se soutenir les armes à la main, & les traiter, non en criminels, mais en ennemis. Les Troupes même ont souvent refusé de servir dans une Guerre, où le Prince les exposoit à de cruelles représailles. Prêts à verser leur sang pour son service les armes à la main, des Officiers pleins d'honneur ne se sont pas crus obligés de s'exposer à une mort ignominieuse. Toutes les fois donc qu'un parti nombreux se croit en droit de résister au Souverain, & se voit en état d'en venir aux armes; la Guerre doit se faire entre-eux, de la même manière qu'entre deux Nations différentes, & ils doivent se ménager les mêmes moyens d'en prévenir les excès, & de rétablir la paix.

Quand le Souverain a vaincu le parti opposé, quand il l'a réduit à se soumettre, à demander la
paix,

paix; il peut excepter de l'Amniſtie les Auteurs des troubles, les Chefs du parti, les faire juger ſuivant les Loix, & les punir, s'ils ſont trouvés coupables. Il peut ſur-tout en uſer ainſi à l'occaſion de ces troubles, où il s'agit moins des intérêts des peuples, que des vûës particulières de quelques Grands, & qui méritent plûtôt le nom de *Révolte* que celui de *Guerre Civile*. Ce fut le cas de l'infortuné Duc de MONTMORENCY. Il prit les armes contre le Roi, pour la querelle du Duc d'ORLEANS. Vaincu & fait priſonnier à la Bataille de *Caſtelnaudarri*, il perdit la vie ſur un échauffaut, par Arrêt du Parlement de Toulouſe. S'il fut plaint généralement des honnêtes-gens, c'eſt qu'on le conſidéra moins comme rebelle au Roi, que comme oppoſé au trop grand pouvoir d'un Miniſtere impérieux, & que ſes vertus héroïques ſembloient répondre de la pureté de ſes vûës (*a*).

§. 295. Lorſque des ſujets prennent les armes, ſans ceſſer de reconnoître le Souverain, & ſeulement pour ſe procurer le redreſſement de leurs griefs; il y a deux raiſons d'obſerver à leur égard des Loix communes de la Guerre: 1mo. La crainte de rendre la Guerre Civile plus cruelle & plus funeſte, par les Répréſailles, que le parti ſoulevé oppoſera, comme nous l'avons obſervé, aux ſévérités du Prince. 2do. Le danger de commettre de grandes injuſtices, en ſe hâtant de punir ceux que l'on traite de rebelles. Le feu de la diſcorde & de la Guerre Civile, n'eſt pas favorable aux actes d'une Juſtice pure & ſainte: Il faut attendre des tems plus

(*a*) Voyez les Hiſtoriens du Règne de LOUIS XIII.

plus tranquilles. Le Prince fera fagement de garder fes prifonniers, jufqu'à-ce qu'ayant rétabli le calme, il foit en état de les faire juger fuivant les Loix.

Pour ce qui eft des autres effets, que le Droit des Gens attribuë aux Guerres Publiques (voyez le Chap. XII. de ce Livre), & particulièrement de l'acquifition des chofes prifes à la Guerre; des fujets, qui prennent les armes contre leur Souverain, fans ceffer de le reconnoître, ne peuvent prétendre à ces effets. Le butin feul, les biens mobiliaires enlevés par l'ennemi, font eftimés perdus pour les propriétaires, par la difficulté de les reconnoître, & à caufe des inconvéniens fans nombre, qui naîtroient de leur revendication. Tout cela eft règlé d'ordinaire, dans l'Edit de pacification, ou d'Amniftie.

Mais quand la Nation fe divife en deux Partis abfolument indépendans, qui ne reconnoiffent plus de commun Supérieur; l'Etat eft diffous, & la Guerre entre les deux Partis retombe, à tous égards, dans le cas d'une Guerre Publique entre deux Nations différentes. Qu'une République foit déchirée en deux partis, dont chacun prétendra former le Corps de l'Etat, ou qu'un Royaume fe partage entre deux Prétendans à la Couronne; la Nation eft divifée en deux parties, qui fe traiteront réciproquement de rebelles: Voilà deux Corps, qui fe prétendent abfolument indépendans, & qui n'ont point de Juge (§. 293.). Ils décident la querelle par les armes, comme feroient deux Nations différentes. L'obligation d'obfer-

ver

ver entre-eux les Loix communes de la Guerre, est donc absoluë, indispensable pour les deux partis, & la même que la Loi Naturelle impose à toutes les Nations, d'Etat à Etat.

§. 296. Les Nations étrangères ne doivent pas s'ingérer dans le Gouvernement intérieur d'un Etat indépendant *. Ce n'est point à elles de juger entre les Citoyens, que la discorde fait courir aux armes, ni entre le Prince & les sujets. Les deux Partis sont également étrangers pour elles, également indépendans de leur Autorité. Il leur reste d'interposer leurs bons Offices, pour le rétablissement de la paix, & la Loi Naturelle les y invite **. Mais si leurs soins sont infructueux; celles qui ne sont liées par aucun Traité, peuvent sans-doute porter leur jugement, pour leur propre conduite, sur le mérite de la Cause, & assister le parti qui leur paroîtra avoir le bon droit de son côté, au cas que ce parti implore leur assistance, ou l'accepte: Elles le peuvent, dis-je, tout comme il leur est libre d'épouser la querelle d'une Nation, qui entre en guerre avec une autre, si elles la trouvent juste. Quant aux Alliés de l'Etat déchiré par une Guerre Civile, ils trouveront dans la nature de leurs engagemens, combinés avec les circonstances, la règle de la conduite qu'ils doivent tenir. Nous en avons traité ailleurs ***.

* Voyez Liv. II. §. 54. &
** Voyez Liv. II. Chap. I.
*** Voyez Liv. II. Chap. XII. & particuliérement les §§. 196. & 197.

www.ingramcontent.com/pod-product-compliance
Lightning Source LLC
Chambersburg PA
CBHW072110170426
R18158300001B/R181583PG43191CBX00002B/3